考虑消费者低碳偏好的供应链运作策略研究

陈 山 著

西南交通大学出版社
·成都·

图书在版编目（CIP）数据

考虑消费者低碳偏好的供应链运作策略研究 / 陈山著. —成都：西南交通大学出版社，2023.3
ISBN 978-7-5643-9202-4

Ⅰ.①考… Ⅱ.①陈… Ⅲ.①供应链管理–低碳经济–研究 Ⅳ.①F252.1

中国国家版本馆 CIP 数据核字（2023）第 042059 号

Kaolü Xiaofeizhe Ditan Pianhao de Gongyinglian Yunzuo Celüe Yanjiu
考虑消费者低碳偏好的供应链运作策略研究

陈　山　著

责 任 编 辑	孟秀芝
封 面 设 计	何东琳设计工作室
出 版 发 行	西南交通大学出版社
	（四川省成都市金牛区二环路北一段 111 号
	西南交通大学创新大厦 21 楼）
发行部电话	028-87600564　028-87600533
邮 政 编 码	610031
网　　　址	http://www.xnjdcbs.com
印　　　刷	成都蜀通印务有限责任公司
成 品 尺 寸	170 mm × 230 mm
印　　　张	9
字　　　数	203 千
版　　　次	2023 年 3 月第 1 版
印　　　次	2023 年 3 月第 1 次
书　　　号	ISBN 978-7-5643-9202-4
定　　　价	58.00 元

图书如有印装质量问题　本社负责退换
版权所有　盗版必究　举报电话：028-87600562

前言
PREFACE

面对日益严峻的生态环境问题和日益增强的消费者环保意识，如何有效降低碳排放成为政府、企业和科研机构等关注的重点。面临深刻的外部社会压力与内在经济动机，企业不仅需要选择恰当的绿色产品研发、生产、销售等运作策略，还需要与上下游供应链共建共识、推行合理的市场营销策略，由此构成了低碳供应链管理的重要关注点：综合经济、环境和社会原则，研究低碳供应链运作优化策略，实现可持续发展。因此，在消费者低碳偏好和政府低碳政策共同影响下，研究低碳供应链的决策问题具有重要的理论意义和实际应用价值。

本书在借鉴国内外相关研究和实践经验的基础上，采用理论分析、数值仿真等研究方法，从消费者低碳偏好及其动态变化的视角研究了低碳供应链的决策问题。首先，把消费者产品低碳偏好纳入消费者产品需求中，分别研究了绿色制造商处于不同市场权利结构下的双寡头低碳供应链决策模型；其次，针对线上与线下渠道间的碳排放差异，研究了考虑消费者渠道低碳偏好和渠道偏好的双渠道低碳供应链决策模型；再次，针对消费者对产品低碳属性的动态感知和低碳产品商誉的动态变化，基于微分博弈理论研究了不同广告投入模式下双渠道低碳供应链决策模型；最后，考虑到政府低碳政策对供应链运营机制的影响，基于微分博弈理论研究了考虑政府低碳政策影响的双渠道低碳供应链决策模型。主要包括以下内容：

第一，针对消费者产品低碳偏好和绿色制造商市场权利对由绿色制造商、传统制造商和一个共同零售商组成的低碳供应链决策的影响，在制造商—零售商 Stackelberg 博弈框架下，研究了绿色制造商与传统制造商市场权利均势、绿色制造商领先以及传统制造商领先等三种子博弈模型下低碳供应链的均衡决策问题，并借助数值模拟仿真，研究了产品价格竞争和低碳竞争对绿色供应链运营策略与供应链利润的影响。研究结果表明：① 在三种不同子博弈模式中，产品低碳水平、制造商边际利润、低碳供应链总利润均随消费者低碳偏好系数的增加而增加，随低碳生产成本系数的增加而减少；而传统制造商边际利润、总利润与消费者低碳偏好系数、低碳生产成本系数的关系恰好相反。② 在双寡头低碳供应链中，绿色竞争优势的效用优于先发优势：当传统制造商作为追随者时，传统制造商的利润最高，成为追随者对传统制造商总是有利的；绿色制造商成为领导者不一定是有利的，只有当消费者低碳偏好高于阈值或绿色生产成本低于阈值，绿色制造商作为领导者时利润才最高。

第二，针对线上与线下渠道的碳排放差异，引入渠道可持续水平的概念，考虑消费者低碳和渠道双重偏好，构建了双渠道低碳供应链决策模型，研究了集中决策与分散决策模式下供应链的均衡策略问题。研究结果表明：① 在分散式模式中，当消费者渠道偏好一定时，线上渠道环境可持续水平优于线下零售渠道环境可持续水平。② 随着渠道环境可持续水平交叉影响系数增加，双渠道低碳供应链的"双重边际效应"减弱；而随着消费者零售渠道偏好增加，双渠道低碳供应链的"双重边际效应"增强。

第三，针对消费者对产品低碳属性的动态感知，构建了消费者对产品的低碳感知变化过程的微分方程，考虑低碳广告和消费者低碳感知对产品低碳商誉的影响，在动态框架下分别研究了集中式、竞争型广告策略和支持型广告策略等模式下双渠道供应链的动态决策问题。研究结果表明：① 集中式决策模式的最优产品低碳水平、最优线上与线下广告投入水平均高于分散式决策模式，而产品销售价格依赖于参数取值，与集中式或分散式决策模式无关。② 分散式决策模式下，采用竞争型广告策略时，双渠道供应链的产品最优销售价格、最优低碳水平和最优线上广告投入水平与采用支持型广告策略时的双渠道供应链的均衡策略一致。③ 一定条件下，支持型广告策略将使双渠道供应链得到 Pareto 改进，此时最优线下广告投入水平优于竞争型广告策略。

第四，针对政府低碳补贴政策的影响，考虑制造商减排努力和低碳广告对产品低碳商誉的影响，在动态框架下分别研究了无政府规制、存在政府规制但无协调契约、存在政府规制并采用广告成本分担契约等三种模式下双渠道低碳供应链的动态决策问题。研究结果表明：① 政府低碳规制会促使制造商提高减排努力水平，进而提高产品商誉，但不影响零售商的广告投入策略。② 存在政府低碳规制时，零售商的利润必将增加，而当政府低碳奖惩系数较小时，制造商的利润也将增加。③ 存在政府低碳规制时，一定条件下，广告成本分担契约将使得制造商与零售商的利润都增加，双渠道低碳供应链得到 Pareto 改进。

本书的出版由重庆工商大学智能制造服务国际科技合作基地平台建设费（621815001）、重庆市社会科学规划项目（2020BS47）、国家重点研发计划专项经费（2019YFB1706101）、重庆工商大学高层次人才科研启动项目（2155008）、重庆工商大学重点平台开放项目（KFJJ2019058）等项目经费资助。

目 录
CONTENTS

1 绪 论 ·· 001

1.1 研究背景、意义与目的 ··· 001
1.2 国内外研究现状分析 ·· 008
1.3 研究内容与创新点 ··· 016
1.4 内容结构 ·· 019

2 考虑消费者产品低碳偏好的供应链决策研究 ·························· 021

2.1 引 言 ·· 022
2.2 模型描述、符号与假设 ··· 023
2.3 模型构建与分析 ·· 025
2.4 算例分析 ·· 037
2.5 本章小结 ·· 044

3 考虑消费者渠道低碳偏好的供应链决策研究 ·························· 046

3.1 引 言 ·· 047
3.2 模型描述、符号与假设 ··· 049
3.3 模型构建与分析 ·· 051
3.4 算例分析 ·· 057

3.5 本章小结 ……………………………………………… 061

4 考虑消费者产品低碳感知的供应链动态决策研究 …………… 062

　　4.1 引　言 ………………………………………………… 063
　　4.2 模式描述、符号与假设 ……………………………… 064
　　4.3 模型构建与分析 ……………………………………… 068
　　4.4 算例分析 ……………………………………………… 080
　　4.5 本章小结 ……………………………………………… 085

5 考虑消费者产品低碳感知和政府低碳奖惩机制的
　　供应链动态决策研究 …………………………………………… 086

　　5.1 引　言 ………………………………………………… 087
　　5.2 模型描述、符号与假设 ……………………………… 089
　　5.3 模型构建与分析 ……………………………………… 092
　　5.4 算例分析 ……………………………………………… 109
　　5.5 本章小结 ……………………………………………… 118

6 结论与展望 ……………………………………………………… 119

　　6.1 研究结论 ……………………………………………… 120
　　6.2 研究展望 ……………………………………………… 121

参考文献 ………………………………………………………………… 123

1 绪 论

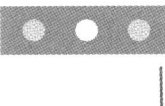

1.1 研究背景、意义与目的

1.1.1 研究背景

目前，全球经济正经历着长周期的快速发展，与之相伴的是能源的迅猛消耗，化石能源、生物能源等常规能源的使用造成的全球环境问题及其引起的严峻连锁反应不断地引起社会公众的强烈关注[1-4]。其中，气候变暖已成为影响全球生态环境的关键问题。联合国政府间气候变化专门委员会（Intergovernmental Panel on Climate Change, IPCC）的系列评估报告均认为全球气候变暖的主因是人类活动所排放的温室气体浓度增加[5-9]。减少碳排放、控制全球温度变化已成为世界各国的重要共识，从《京都议定书》到《巴黎协定》，各国政府和国际组织纷纷推行一系列低碳政策，在保持经济发展与减缓全球气候变暖间寻求平衡。《京都议定书》确定了"联合履约""国际排放贸易"和"清洁发展机制"三种碳减排机制，首次提出低碳经济理念，将温室气体减排指标定量化，并针对不同国家的减排责任分别规范了碳交易机制①。《巴黎协定》延续了《京都议定书》应对气候变化的努力，要求发达国家率先减排并开展绝对量化减排、为发展中国家提供资金支持，承诺将21世纪全球平均气温上升幅度控制在2°C以内②。

作为世界上最大的发展中国家和最大的碳排放国，我国所面临的经济发展与环境问题间的矛盾尤为突出。"绿水青山就是金山银山"，我国一直积极致力于节能减排和发展低碳经济。亚太经合组织（APEC）领导人非正式会议期间发表的《中美气候变化联合声明》（2014年11月12日）中，我国首次提出在2030年左右二氧化碳排放达到峰值且将努力早日达峰③。为推动低碳经济发展，我国先后从国家层面制定出台了《中国应对气候变化国家方案》、《节能减排"十二五"规划》（国发〔2012〕40号）、《"十三五"控制温室气体排放工作方案》等一系列政策文件，明确了中长期各阶段减排目标和路线。自2000年以来，碳排放绝大部分源于工业能源消耗，其中制造业能源消耗占其80%以上并逐年上升[10]。制造业作为我国主要的碳排放行业，其减排效果很大程度上影响了我国总体碳减排目标的实现进程，制造业绿色转型刻不容缓[11]。"中国制造2025"将节能减排作为核心支撑点，以"创新驱动、质量为先、绿色发展、结构优化、人才为本"为基本方针，以全面推行绿色制造为主要任务，要求加快制造业绿色改造升级、推进资源高效循环利用，积极构建绿色制造体系④。

汽车产业作为高端制造业的典型代表，是"中国制造2025"布局重点，同时也是绿色转型升级重点对象。据测算，2014年汽车碳排放量占全国碳排放总量的10%左右。而在北京、上海等重点城市，汽车尾气更是城市空气污染源的主要成因。相较于传统汽车，综合燃料生命周期、动力系统生命周期、相关部件生命周期和整车生命周期，新能源汽车具有明显的节能减排优势[12-15]。新能源汽车作为我国汽车产业转型升级和

---

① https://en.wikipedia.org/wiki/Kyoto_Protocol.
② https://en.wikipedia.org/wiki/Paris_Agreement.
③ http://www.gov.cn/xinwen/2014-11/13/content_2777663.htm.
④ http://www.miit.gov.cn/n973401/n1234520/n1234622/c4409653/content.html.

实现弯道超车的战略性新兴产业,已成为低碳经济下汽车产业未来发展的重要方向[16-18]。为推动新能源汽车发展,我国于 2010 年把新能源汽车产业的培育上升到国家战略,先后出台了《节能与新能源汽车产业发展规划(2012—2020)》《关于加快推进新能源汽车在交通行业推广应用的实施意见》等一系列政策,引导汽车企业加大技术创新研发投入,并通过购置税减免、购买(营运)补贴、优先上牌等优惠政策引导消费者购买新能源汽车。研究表明,新能源汽车等战略性新兴产业发展政策虽然在宏观层面是有效的,但总体宏观产业效果较为微弱[19-21]。然而,目前我国新能源汽车仍是政策市场,政府补贴成为消费者购买新能源汽车最主要的动机,政策导向远大于市场导向。政府自上而下的政策刺激新能源产业爆发式增长,但也带来了产业过度依赖政府政策、产能过剩等风险[22-24]。因而,我国的新能源汽车补贴政策逐步退坡,到 2020 年完全取消新能源汽车补贴,转而补贴充电桩等基础设施服务商和配套服务商,并对汽车企业实施双积分制倒逼其加大新能源汽车核心技术研发与生产投入力度。制造业低碳化升级转型不能过度依赖政府政策推动,还需要吸引更多的供应商、服务商、消费者和风险投资等利益相关者深度参与[22]。这意味着制造业绿色转型升级不能仅依赖于政府推动、单个企业或仅着眼于单一生产环节,而要调动供应链上下游各主体的积极性,以降低供应链总碳排放为重要目标,协同优化供应链运作机制。因此,在政府低碳政策、供应链协同等外部影响下,研究供应链企业应如何调整其运作策略,以使企业的低碳投入与经济、环境和社会综合产出达到平衡具有重要意义。

全球化和劳动分工背景下,产品生产过程分散地遍布各地,供应商、核心制造商、零售商和消费者等利益相关者通过信息流、物流与资金流前向或后向整合彼此交织融合,构成复杂的供应链网络[25-29]。企业或经济体曾长期将利润与盈利能力视为其取得长久成功的唯一要素[30]。但随着对人类的未来福祉关注日益强烈,三重底线(Triple bottom line: Economic, Environmental, Social, TBL)、3P 原则(People, Profit, Planet)等理念深刻影响企业运营管理,可持续性嵌入到企业经营管理目标,推动了企业可持续运营管理[31-33]。除了经济动机,实现企业社会责任也成为企业运营管理的重要驱动力。为了展示企业的社会责任履行情况,许多企业除常规披露年度财务报告外,还独立发布详尽的环境与社会报告[34]。

自国际综合报告委员会（International Integrated Reporting Council, IIRC）制定了价值总览报告标准框架以来，越来越多的企业开始整合年度报告、社会和环境报告，发布价值总览报告，如丹麦 Novozymes、巴西 Natura、美国联合技术公司等[35-36]。面对内在发展动机与外在社会压力，供应链终端企业开始密切关注供应链的环境绩效，实施绿色供应链管理。绿色供应链管理最早由密歇根大学制造协会于一项"环境负责制造"的研究中提出，是一种在整个供应链中考虑环境影响和资源效率的现代管理模式[37]。绿色供应链管理，又称可持续供应链管理，基于可持续思想和供应链管理技术，将环境与社会绩效集成到供应链管理目标中，涉及供应商、制造商、零售商、服务商和消费者等不同主体，以环境影响最小和资源效率最高为目标，协同优化计划、采购、制造、交付和回收等全过程。产品的增值过程往往伴随着环境与社会负外部性，中间产品在供应链的流动导致下游制造企业的部分碳排放转移至上游供应商。由于供应链核心企业负责供应链运营、设计产品或服务，并与客户达成直接协议，核心企业通常要为整个供应链的环境与社会绩效负责，肩负着引导供应链低碳转型的重任[38]。2005 年，沃尔玛发现其供应链碳排放量 90% 源于上游供应商，自加入"碳披露计划"后要求供应商披露碳排放量，监管供应商的碳排放情况。2017 年，沃尔玛宣布"10 亿吨减排项目"，拟于 2030 年前与供应商合力将其在沃尔玛全球供应链中产生的碳排放减少 10 亿吨①。

　　随着重大环境问题频发和经济水平的稳步提高，消费者环保意识逐渐增强。除了价格驱动，消费者在购买产品时还越来越注重产品的环保特性，这表现为消费者绿色偏好。当产品环保特性对消费者购买决策的影响越大时，消费者绿色偏好越强烈；反之，则消费者绿色偏好越微弱。绿色消费是指消费者被环保观念驱使而做出的意在降低不良环境影响的消费行为，受消费者自身环保意识和绿色认知等因素的影响[39-41]。Carbon Trust 于 2011 年开展的一项调查研究表明，当有碳标签和无碳标签的产品拥有同等质量时，47% 的消费者更愿意选择有碳标签的产品；即使产品价格更高时，仍有 20% 的人会选择有碳标签的产品②。欧盟委员会 2014 年发布的一项研究报告显示，75% 的受访者表示愿意为环保产品支付更

---

① http://shipin.gmw.cn/2017-05/02/content_24361715.htm.
② https://www.carbontrust.com/news/2011/07/consumer-demand-for-lower-carbon-lifestyles-is- putting-pressure-on-business/.

高价格，而 2011 年这一比例是 72%[42]。这表明愿意接受更高价格的环保产品的消费者人群比重在增加。GfK 于 2015 年开展的一项消费者调查研究发现，我国消费者已跻身全球最具环保意识行列，70%的消费者会为不环保行为感到内疚，80%的消费者认为品牌和企业需要对环境负责，但调查研究并未发现证据表明消费者愿意为环保产品支付更多的费用①。尽管消费者环保意识不一定能转化为绿色消费[43]，但环保意识的差异仍反映了我国消费者与欧盟消费者之间的消费习惯差异，这一定程度上是由于我国消费者的务实态度，更多的还是归因于我国与欧盟等发达国家之间的经济发展阶段差异。但正如改革开放四十余年以来我国经济由"量变"到"质变"经历飞跃发展一样，相信在改革开放成果沉淀下，我国消费者将进一步觉醒环保意识，并转化为绿色消费。这将会营造更加绿色低碳的市场环境，自下而上地促使制造企业投入绿色产品创新与生产。

为了引导消费者进行低碳消费，政府和企业通过"碳标签"来帮助消费者更好地识别产品环保特性。ISO 颁布的 ISO14021、ISO14024、ISO14025 分别规定了三类环境标志：Ⅰ型环境标志、Ⅱ型自我环境声明和Ⅲ型环境产品声明②。我国已将其转化为国家标准，并面向普通消费者推行中国环境标志Ⅰ型和中国环境标志Ⅱ型。其中，中国环境标志Ⅰ型是官方标准，是进入环境标志产品政府采购清单的基本条件；中国环境标志Ⅱ型是企业通过自我环境声明并由第三方进行验证的生态标签。为加强节能管理、推动节能技术进步、提高能源效率，我国于 2005 年开始推行能效标识，并于 2016 年推行修订的《新版能源效率标识管理办法》，对显示器、电冰箱等产品强制实施五级能源效率标识。不同类型的环境标志有其法定的认证机构与认证流程，导致其权威性存在差异，也意味着消费者不会完全认同环境标志所反映的产品环保属性，而是会通过自己的经验知识加以修正[185]。特别地，对于由企业自身声明并由第三方机构进行验证的中国环境标志Ⅱ型而言，由于企业商誉参差不齐，消费者对它的认可度较低且波动性较大。

企业的绿色营销策略通常会通过干预消费者对产品绿色属性认知的动态反馈特性来推广产品和扩大市场规模。大量实践案例表明，绿色广告等营销策略能有效地引导消费者进行绿色消费、促进绿色产品的推广

---

① https://www.prnasia.com/story/120220-1.shtml.
② http://kjs.mee.gov.cn/zghjbz/xgzhsh/200611/t20061106_95534.shtml.

与销售。许多企业在研发低碳产品时，也会加大绿色营销力度，通过线上与线下的各种渠道，努力向消费者宣传新产品的创新性与环境友好性。南孚的"聚能环"电池、美的和格力推出的变频空调、比亚迪和长安汽车推出的新能源汽车等新产品的绿色广告都强调其核心技术、节能减排、便利性等特点。快时尚品牌 H&M 和 ZARA 纷纷推出可持续系列产品并将低碳作为营销重点。面对错综复杂的市场环境与瞬息万变的信息环境，消费者对绿色产品反复进行解读（认知）与反馈（情绪、行为）[44]。受参照群体、信息传播、认知调节等影响，消费者对产品环保特性的感知并非一成不变而是动态变化的。

在低碳经济环境下，政府低碳政策、供应链企业低碳运作与消费者低碳参与缺一不可。自上而下的政府低碳政策、消费者自下而上的低碳需求，以及供应链企业内在的经济动机促进了经济、环境与社会效益综合协调的可持续发展（见图 1.1）。消费者低碳意识将促进消费者实施低碳消费行为，而这除依靠消费者自身的低碳意识觉醒之外，还依赖于政府低碳宣传、企业低碳广告等外部措施来引导消费者动态调整其低碳意识。其中，企业的低碳广告等低碳运作策略成了凝聚政府、供应链企业与消费者之间低碳共识的重要内容，以促成企业乐于低碳投入、消费者愿意低碳消费的良好环境。因此，在低碳背景下研究消费者静态和动态低碳偏好对低碳供应链运作优化策略的影响具有理论意义与实践价值。在上述背景下，鉴于消费者环保意识提升、消费者低碳偏好以及政府低碳政策对企业运作管理的重要影响，本书以低碳供应链企业为决策主体，

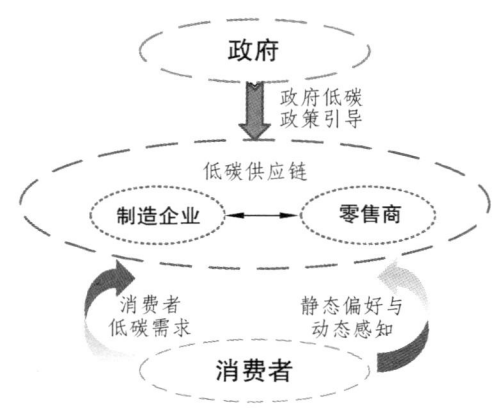

图 1.1 低碳经济下政府、供应链与消费者间的关系

采用数学建模、数值分析等研究方法，深入探讨消费者低碳偏好、政府低碳规制对供应链企业生产运作优化策略的影响，为低碳供应链运营决策提供理论依据和参考。

1.1.2 研究意义

针对现实中消费者低碳偏好及其动态变化、政府低碳政策对供应链外部市场环境的影响，本书深入研究了消费者低碳偏好及其动态变化、政府低碳政策等因素对低碳供应链最优运作决策的影响。本书的理论意义与实践价值体现在如下两方面：

在理论研究方面，本书丰富和扩展了已有的低碳供应链管理理论的内容。本书针对多种消费者低碳偏好类型，基于博弈理论构建了低碳供应链运营决策模型，探讨了消费者不同低碳偏好类型、不同渠道结构、不同博弈模式下低碳供应链的最优运作策略，拓展了低碳供应链的研究领域与方法，分析了消费者不同类型的低碳偏好对低碳供应链最优决策的影响；同时基于微分博弈理论分别分析了消费者低碳感知动态变化以及存在政府低碳规制时低碳供应链的动态合作减排问题，为企业提高低碳供应链管理水平提供了理论思路，也为政府制定相关低碳政策提供了理论依据。

在实践应用方面，随着消费者环境意识的提升，越来越多的消费者开始关注产品的环保属性、销售渠道碳足迹特征，消费者不同类型的低碳偏好使得其在购买决策过程中不仅考虑价格因素，还会考虑产品生产与销售过程对环境的影响。受绿色广告、认知—反馈机制等因素影响，消费者的低碳偏好会随时间动态变化。在低碳经济背景下，低碳产品会赋予企业绿色竞争优势，但低碳投入也会增加企业成本。因此，本书将研究消费者低碳偏好及其动态变化对低碳供应链最优运作决策的影响，探讨更符合现实意义的企业决策方法，凝聚具有实践指导意义的管理启示。

1.1.3 研究目的

在低碳经济和电子商务背景下，低碳供应链管理的重要性与日俱增。针对政府低碳政策影响下以制造企业和零售商为核心的供应链运作策略问题，本书研究了供应链在考虑消费者低碳偏好影响时如何通过动态调整其定价、低碳生产、低碳广告等运作策略来实现低碳投入与经济、环境和社会效益的综合最优。本书结合供应链理论、博弈理论，将消费者低碳偏好、渠道偏好等行为特征纳入低碳供应链决策模型中，综合考虑了供应链权利结构、低碳广告效应等市场运作行为以及政府低碳政策影响，研究了不同场景下考虑消费者低碳偏好及其动态感知的低碳供应链均衡运作策略，既为企业的供应链运作管理提供了相关管理启示，也对低碳供应链管理领域进行了补充和拓展。

1.2 国内外研究现状分析

1.2.1 低碳供应链相关概念研究

1）碳足迹研究

控制和减少工业生产碳排放，首先需要量化产品在供应链或生命周期各阶段的碳排放。学者们常用碳足迹（Carbon Footprints）来衡量由具体生产活动直接或间接产生的，或在产品生命周期中累积的 CO_2 排放总量[45-47]。刘广海等构建了冷链物流碳足迹计算模型，并实证分析了香蕉冷链物流中生产、采收处理、预冷及冷藏运输、贮藏、配送和销售等环节的碳足迹，发现冷藏运输环节的碳足迹比重最大[48]。许茹楠等采用生命周期评价法分析了果蔬冷链各阶段的碳足迹，发现冷藏运输阶段的碳足迹比重最大[49]。杨传明构建了复杂产品全生命周期碳足迹三维分析模型，针对随机供应链网络碳足迹数据质量问题提出了一种优化控制方法[50]。上述文献主要关注于产品生命周期碳足迹的核算模型与方法，并且在界定碳足迹研究边界时排除了消费者购买产品的交通碳足迹，只针对产品生产、使用和最终处理过程中直接和间接产生的碳足迹。基于全生命周期的产品碳足迹可用来比较不同类型产品之间的低碳属性差异，但对同质产品而言是无差别的。因此，可以认为在销售阶段前，同质产品的碳足迹是相同的。

由于产品只有通过交易活动才能产生价值，从广义上讲，作为供应链的重要参与者，消费者购买活动的碳足迹也应作为产品全生命周期碳足迹核算的重要参考。目前，线上与线下购物渠道多样，消费者可通过网上购物、商场、超市等渠道购买不同地域的商品。部分学者通过实证研究发现不同购物方式下消费者的交通碳足迹存在差异。Sivaraman 等从全生命周期视角比较研究了 DVD 租赁网络中电子租赁与实体店租赁的碳排放,发现电子租赁渠道的能源消耗与 CO_2 排放显著低于实体店租赁渠道[51]。Edwards 等从"最后一公里"视角分别研究了消费者通过网络与实体店零售渠道采购书籍、衣物等小型商品时的碳排放差异,发现"最后一公里"配送中单位商品的碳排放要小于个人实体店购物[52]。在其综述文献中,Edwards 等细分了不同类型产品供应链的线上渠道与零售渠道的分岔节点,将"最后一公里"视角扩展至从分岔节点开始的供应链末端环节[53]。van Loon 等以英国快消品市场为对象比较分析了以打包出厂为分叉点的电商渠道与线下零售渠道的碳排放差异,通过购物量、交通运输方式、交通里程和购物频次等变量刻画消费者购物行为,发现线上渠道碳排放更少,具有更好的环境可持续性[54]。上述文献通过实证研究发现,相对传统零售渠道而言,线上零售渠道碳排放和能耗更少。由此可见,从供应链视角将碳足迹细分为产品碳足迹与渠道碳足迹,有助于更好地研究供应链碳足迹问题。特别地,本书将基于全生命周期并用于表征同质产品碳排放属性的碳足迹称为产品碳足迹,如图 1.2 所示,将纳入消费者购物活动碳排放的销售渠道碳排放量称为渠道碳足迹,如图 1.3 所示。

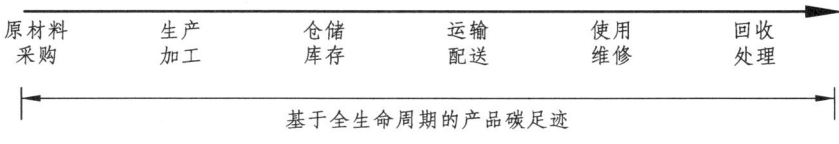

图 1.2 基于全生命周期的产品碳足迹

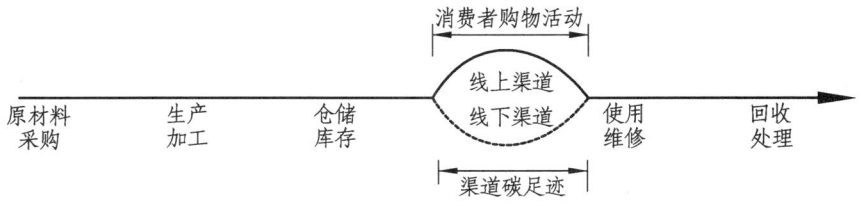

图 1.3 渠道碳足迹

在供应链运作优化领域，许多学者研究了碳足迹视角下的供应链运作优化问题。Benjaafar 等基于经济生产批量模型，研究了四种碳政策下考虑碳足迹影响的供应链运作优化问题，研究发现通过运作优化可以在显著减少碳排放的同时不显著增加成本，通过供应链协同机制可以有效降低减排成本[55]。Kannan 等基于混合整数线性规划研究了以碳足迹最小为目标的逆向物流网络设计模型[56]。Tao 等基于带碳足迹约束的多周期动态规划模型研究了供应链最优库存控制策略与协调问题[57]。程永宏和熊中楷研究了碳标签制度下两级供应链中产品碳足迹与定价决策问题，研究发现碳标签制度下产品最优碳足迹与消费者环境意识和初始碳足迹有关[58]。在供应链运作优化相关文献中，产品碳足迹通常等同于绿色度（Greenness）[59-62]、低碳水平（Level of Low-carbon）[63-65]、碳排放水平（Carbon Emission Level）[66-69]、碳减排水平（Level of Carbon Emissions Reduction）[70, 71]等概念，常被用于表征产品的碳排放属性。上述文献主要关注于产品碳足迹对绿色供应链运作优化策略的影响，但鲜有文献关注和研究渠道碳足迹视角下的绿色供应链运作优化问题。

2）绿色广告研究

尽管消费者环保意识不断提升，但其不一定会转化为绿色消费行为，这表现为绿色消费态度—行为差距[72-73]。陈凯和彭茜针对引起绿色消费态度—行为差距的参照群体影响、产品、个人能力、习惯及情境等影响因素，构建了干预策略模型，认为优化产品绿色信息传播渠道能实现有效干预[43]。广告投放会显著影响消费者的消费行为，进一步地，绿色广告通过传播绿色产品或服务的绿色特征信息来积极影响消费者的绿色消费行为，进而使消费者对绿色产品或服务产生良好的品牌价值感[74-76]。Banerjee 等概括了绿色广告的三条标准：① 明确或含蓄地表明产品或服务与生物物理环境之间的关系；② 倡导一种绿色生活方式；③ 展现公司承担环境保护社会责任的形象[77]。随着绿色广告数量的激增，"刷绿""漂绿"广告问题导致消费者对绿色广告认可度下降[78-80]。毛振福等认为，消费者漂绿感知可以调节绿色广告诉求与自我建构对绿色购买意愿的交互作用，并指出企业应提高绿色信息的真实性与产品的匹配度，避免漂绿行为影响绿色广告效果[81]。当不考虑绿色广告的漂绿行为时，相关研究表明绿色广告的有效性还与消费者绿色消费倾向有关。Chang 研究了绿色广告对具有矛盾态度的消费者的影响，这类矛盾消费者对绿色产品持正反两面态度,既认为绿色产品能减少环境影响并且能从绿色购物中获得愉悦感,又担心绿色产品质量较差、价格更高等问题,研究结果表明绿色广告会加重这类消费者的不适感,进而强化他们对绿色产品的抵触[72]。众多文献进一步地聚焦于绿色消费者,研究了绿色广告对具有绿色偏好的消费者的有效性。Nyborg 等指出广告投入能有效促进绿色消费者购买绿色产品[82]。孙瑾和苗盼基于消费者解释水平理论研究了消费者认知对绿色广告有效性的影响,研究发现当消费者具有高解释水平倾向,即较高的环保意识时,绿色广告有效性高于非绿色广告[83]。Li 等基于准实验框架研究了绿色制造企业的广告处理效应,发现当广告费用在一定范围内时广告费用的增加能有效提高绿色产品销量[84]。上述研究结论表明,绿色广告投入能有效提高具有绿色偏好的消费者的购买意愿。由于绿色广告效应的维系需要企业持续投入与动态调整,面对绿色消费者如何有效制定绿色广告等营销策略已成为绿色制造企业重要的决策内容。

3)政府低碳政策研究

在低碳经济下,补贴、碳税、碳交易等政府低碳政策对低碳供应链运作决策有深刻影响。许多学者研究了不同低碳政策对供应链运作优化的影响。在低碳补贴方面,李友东和赵道致研究了 Nash、Stackelberg 两种博弈模式下政府低碳补贴对供应链低碳化投入策略的影响[85]。Huang 等研究了政府补贴对燃油车和新能源汽车供应链的影响,研究发现更大补贴力度不会引起更多的减排量,并且补助充电桩等服务设施能得到更好的减排效果[86]。Chen 和 Hao 研究了碳税政策下两竞争企业的定价与生产策略,分析了企业生产效率与碳税对减排效果的影响[87]。在碳税方面,Meng 等研究了碳税对企业自制或外购决策的影响[88]。聂佳佳等进一步针对制造商行为研究了碳税政策下风险规避型制造商的生产策略问题[89]。在碳交易方面,Dong 等研究了碳限额交易下制造商可持续投资与零售商的订货策略问题[90]。刘名武等研究了碳交易政和消费者低碳偏好下实现供应链共赢的低碳技术特征条件[91]。部分学者还比较研究了碳税与碳交易政策对供应链运作优化的影响差异。Xu 等分别研究了碳交易与碳税政策下制造商的多产品联合生产定价问题,研究发现碳排放限额与碳税分别是两种政策下影响制造商决策的关键变量,并指出碳税政策下的社会福利不少于碳交易政策[92]。

低碳补贴可能加重政府财政负担,而碳税或碳排放限额会加重企业负担。因此，许多学者研究了低碳补贴与碳税、碳交易等低碳政策共同作用下的供应链优化问题。有学者研究了碳税和低碳补贴政策下的低碳供应链运作优化问题。曹细玉和张杰芳研究了碳税和碳减排补贴下供应链的最优碳减排量和最优订货量，研究发现最优碳减排量、订货量和期望利润与碳减排补贴比例成正比[93]。Yi 和 Li 研究了政府碳税与节能补贴对制造商与零售商运作策略的影响[94]。部分学者研究了碳交易与低碳补贴下的供应链运作优化问题。Cao 等研究了碳交易和低碳补贴双重碳政策下供应链最优生产与减排问题[95]。

某种程度上，低碳补贴是一种正向激励方法，可以认为是特殊的奖励机制；碳税可以认为是特殊的惩罚机制；而碳限额等碳交易政策较为中性。基于惩罚和奖励的激励机制也是政府常用的干涉机制，常被用于促进企业提高废旧产品回收率或减少碳排放[96-98]。王文宾等广泛研究了奖惩机制对逆向供应链运作机制的影响，包括奖惩机制设计[99]、不同奖惩对象的效果对比[100]、不同供应链结构下奖惩效果差异分析[101][102]等，发现提高奖惩系数能减少负外部性、提升社会福利[103]。鉴于政府奖惩机制能有效减少企业排放和环境污染，部分学者将政府奖惩机制引入低碳供应链优化运作领域。Zu 等研究发现当以制造商为对象实施低碳奖惩时，制造商的减排量将增加[98]。陈婉婷等研究了无奖惩机制和三种奖惩机制对绿色供应链均衡策略的影响，研究发现政府节能奖惩机制不仅能提高产品节能水平，还可以提高全社会福利水平，并且当政府综合考虑企业利润、消费者福利和环境效益时，奖惩机制效果最佳[104]。

1.2.2 考虑消费者低碳偏好的供应链决策问题研究

1）消费者低碳偏好

近年来，绿色、节能、循环再生产等概念被纳入消费观念之中，绿色消费成为消费新趋势[105]。具体而言，在低碳经济背景下，低碳消费行为是指消费者在日常消费过程中自觉实行低能耗、低污染、低排放的消费行为模式。为营造更好的绿色消费环境，由国际组织及各国政府推动的自上而下的绿色发展政策，强调资源利用的效率提高和技术创新，主张通过技术方案和市场途径实现绿色消费；由企业界与民间团体发起的自下而上的绿色消费方案，则强调自给自足地促进经济增长，呼吁生产与消费环保产品、寻求解决消费的公平公正[106-108]。尽管如此，消费者绿色态度—行为差异仍难以消弭，低碳产品价格较高、产品低碳程度难以判别等导致消费者购买低碳产品意愿较低[109]。为此，许多学者研究了消费者绿色行为的影响因素，相关研究表明披露产品的碳足迹信息能够有效促进消费者低碳购买行为。Brunner 等在瑞典查尔姆斯理工大学的学生会餐厅通过现场实验研究了碳标签的效用，研究结果表明，当食物被贴上碳标签后，低碳排放的食物销量增加了 11.5%，而高碳排放的食物销量减少了 3.6%[110]。Vanclay 等在澳大利亚东巴利纳某超市研究了碳标签对消费者购物行为的影响，研究发现当产品的碳足迹与价格不一致时（如低碳足迹的产品，其价格较高），低碳足迹产品在三个月内的销量增加 4%，高碳足迹产品销量减少 6%；而当产品的碳足迹与价格一致时（如低碳足迹的产品，其价格较低），低碳足迹产品销量增加了 20%[111]。当低碳信息以恰当的方式传达给消费者时，消费者将调整购物习惯并选择低碳足迹产品。消费者在经济上不总是理性的，容易受消费信息可获得性的驱动[112]。低碳偏好不仅改变消费者低碳购买行为，也促使消费者愿意为低碳产品付出额外溢价[113]。部分学者对具体零售业展开调查研究，发现消费者为低碳环保类产品的溢价范围基本在 5%~25% 之间[114-116]。尽管生产低碳产品需要更多的创新与生产投入（如增加智力投入、引入新技术、购买新设备等），但消费者低碳偏好所增加的低碳产品溢价，可能弥补企业的低碳投入成本。积极响应消费者的低碳需求，既能为企业带来绿色竞争优势，也可为企业带来更多的经济利益，这将深刻影响供应链的运作机制。因此，面对消费者日益增长的低碳产品需求，在供应链环境下讨论消费者的低碳偏好具有重要的现实意义。

2）考虑消费者低碳偏好的供应链决策问题相关研究

低碳经济背景下，消费者环保意识不断提升，考虑消费者低碳偏好的低碳供应链运作优化问题已成为可持续运营管理领域的研究热点。Liu 等研究了消费者环保意识、替代品竞争和零售商竞争等因素对供应链决策的影响，研究发现消费者环保意识加强会促进零售商与绿色制造商的利润增加[117]。Li 等研究了消费者具有低碳偏好时双渠道供应链决策模型，分析了线上与线下价格在一致策略与非一致策略下的供应链均衡策略，发现绿色生产成本过高时，制造商不应开设线上渠道[118]。Zhang 等研究了消费者环保意识对由一个制造商和一个零售商组成的供应链的订货量与供应链协调的影响[119]。熊中楷等针对由一个制造商、两个零售商与两个制造商、一个零售商组成的两种供应链，研究了制造商领导的 Stackelberg 博弈模型下碳税和消费者环保意识对供应链均衡策略的影响，研究发现为降低产品碳排放量，政府应对绿色型制造商提高碳税，而对污染型制造商降低碳税[120]。刘新民等根据消费者绿色偏好差异，将消费者分为经济性、中性和绿色消费者，研究了消费者异质低碳偏好对供应链决策的影响[121]。以上文献基于不同视角研究了消费者产品碳足迹偏好影响下的低碳供应链决策问题，为企业提供了许多积极有效的管理启示。然而，鲜有文献关注于竞争环境下低碳供应链中绿色竞争优势与先发优势间的相关性问题，即不同供应链市场权利结构下绿色制造商的市场地位对其运营决策的影响。与此同时，鲜有文献讨论消费者渠道碳足迹（低碳）偏好对供应链企业运作优化的影响。基于上述关于碳足迹的相关文献研究，本书将消费者低碳偏好细分为消费者产品碳足迹偏好和消费者渠道碳足迹偏好，以此为基础，分别研究了消费者产品低碳偏好和市场权利结构对供应链决策的影响，并研究了消费者具有渠道碳足迹偏好对供应链决策的影响。

　　上述文献大多将消费者低碳偏好刻画到低碳产品的线性需求函数，认为消费者低碳偏好通过需求函数间接地影响供应链决策。这源于消费者能对产品低碳属性（碳足迹）形成准确而稳定认知的假设。以此为基础，部分文献在研究消费者低碳偏好对供应链决策的影响时放松了该假设，强调低碳信息传递对消费者认知的影响，并认为实际影响产品需求的是消费者所感知到的产品低碳属性，而非产品所宣传或标志的低碳属性[122]。本书称之为消费者低碳感知，以区分消费者静态低碳偏好。在研究考虑消费者低碳感知的文献中，一种观点认为，消费者是有限理性的，其接受处理绿色信息时存在感知偏差[123]。关志民等基于信号干扰模型刻画了消费者接受处理产品低碳属性的过程，构建了考虑消费者感知偏差的绿色消费效用函数，研究了消费者对产品低碳属性的感知偏差对供应链运作策略的影响，发现考虑消费者感知偏差会使制造商加强低碳研发投入[124]。他们进一步针对由消费者低碳偏好异质性引发产品需求不确定性的情形，基于条件风险值（CVaR）研究了制造商与零售商在不同风险态度时供应链的决策问题[122]。另一种观点认为，绿色广告等绿色营销手段能引导消费者认知—反馈心理机制调整其对产品低碳属性的感知[44]。Zhou

和 Ye 认为制造商减排努力会提升低碳产品商誉,继而影响产品市场需求,基于微分博弈理论研究了双渠道供应链的动态联合减排策略和供应链协调问题[125]。叶同等认为产品低碳水平、低碳广告投入以及产品竞争会影响产品商誉,以此刻画了低碳产品商誉变化过程的微分方程,并基于微分博弈理论研究了由绿色制造商、传统制造商和零售商组成的供应链的动态联合减排问题[126]。上述两种观点均认为消费者低碳感知的假设更贴近现实场景,研究消费者低碳感知下的低碳供应链决策问题能为企业决策提供更有实践价值的管理启示,但考虑消费者低碳感知的供应链决策问题的研究还处于起步阶段。因此,本书以静态框架下的相关研究为基础,进一步深入研究了广告策略、政府低碳奖惩机制等因素下考虑消费者低碳感知的双渠道低碳供应链动态决策问题。

1.2.3　国内外研究现状总结

从上述国内外研究现状可以发现,国内外学者从不同视角对消费者低碳偏好影响下的低碳供应链运作策略进行了理论研究与方法探索,具有重要的理论意义与实践价值。但已有的研究仍存在一定的局限性,主要表现在以下三个方面:

(1)针对竞争环境下消费者低碳偏好对供应链运作决策的影响,国内外部分学者从生产与定价、库存策略、协调机制等视角研究了考虑消费者低碳偏好的供应链运作模型与决策方法,但鲜有文献关注于竞争环境下制造商之间的市场权利结构对低碳供应链运作策略的影响,并缺乏对双寡头低碳供应链中绿色竞争优势以及先发优势的对比研究。

(2)电子商务环境下,学者们广泛研究了双渠道供应链运作机制,特别地,许多学者从双渠道供应链渠道结构选择、低碳产品生产与定价、渠道协调契约等视角进一步研究了低碳环境下消费者低碳偏好行为对双渠道供应链运作策略的影响。然而,销售渠道作为双渠道供应链运作的重要载体,现有文献忽视了销售渠道的碳足迹特征对低碳供应链运作的影响。部分文献基于实证研究方法分析和验证了线上与线下渠道直接的碳足迹差异,但鲜有文献将这一特征用于指导供应链运作建模研究。

(3)针对消费者低碳偏好行为的影响,供应链运作管理领域的现有文献主要基于静态框架研究了消费者低碳偏好影响下的供应链运作问题,而部分文献关注于消费者低碳偏好具有重要的动态特征,并基于信号干扰模型和微分博弈理论深入研究了消费者动态低碳感知影响下的低碳供应链运作问题。其中，微分博弈理论具有更好的适用性，因而多基于微分博弈理论展开研究。而在动态框架下，鲜有文献关注于双渠道低碳供应链中线上与线下渠道广告动态合作问题，以及政府低碳规制政策下的双渠道低碳供应链动态联合减排问题。

1.3 研究内容与创新点

1.3.1 研究内容

本书从现实背景与相关文献研究出发，将消费者低碳偏好和低碳感知嵌入到低碳供应链运作优化的理论研究框架中，分别从消费者低碳偏好和低碳感知视角下研究了不同场景下的低碳供应链的运作优化问题。本书的研究内容分为如下六章：

第1章为绪论。首先介绍了本书的研究背景、研究意义与目的，分别从碳足迹、绿色广告、政府低碳政策、消费者低碳偏好和考虑消费者低碳偏好的低碳供应链决策等方面对国内外相关研究进行综述与分析，然后阐述了本书的主要研究内容与创新点，最后论述了本书研究思路。

第2章研究了考虑消费者产品低碳偏好的低碳供应链决策问题。本章综合考虑了消费者低碳产品偏好对产品市场需求的影响，以及双寡头低碳供应链中制造商市场权利结构对低碳供应链决策的影响，在制造商—零售商 Stackelberg 博弈框架下，进一步研究了绿色制造商与传统制造商均势、绿色制造商领先以及传统制造商领先等三种子博弈模式下的低碳供应链决策问题，通过对双寡头低碳供应链建模分析，得出了三种博弈模式下制造商的均衡策略，并借助数值模拟仿真，进一步研究了产品价格竞争和低碳竞争对低碳供应链运营策略与供应链利润的影响。

第3章研究了考虑消费者渠道低碳偏好的双渠道低碳供应链决策问题。基于第2章的低碳背景，本章进一步研究了电商环境下双渠道低碳供应链的销售渠道策略问题。针对电商环境下线下零售渠道与线上直销渠道共存的双渠道供应链，考虑了线上与线下渠道的碳排放差异，假设消费者具有渠道环境可持续水平偏好，通过对双渠道低碳供应链进行建模，研究了线上与线下渠道环境可持续水平对双渠道低碳供应链均衡策略的影响，并借助数值仿真方法，进一步分析了相关均衡结果。

第 4 章研究了考虑消费者低碳感知的双渠道低碳供应链动态决策问题。本章假设消费者对产品低碳属性的认知是动态变化的，基于静态框架下的产品碳足迹特征与双渠道供应链结构，针对消费者对产品低碳属性的动态感知和低碳产品商誉的动态变化，在动态框架下研究了不同广告投入模式下双渠道低碳供应链中低碳产品生产策略与广告投放策略。以一个绿色制造商与零售商组成的双渠道低碳供应链为研究对象，基于微分博弈分别比较分析了集中式决策、采用竞争型广告策略的分散式决策与采用支持型广告策略的分散式决策等模型下双渠道低碳供应链的最优均衡决策和最优利润。

第 5 章研究了考虑消费者低碳感知和政府低碳奖惩机制的双渠道低碳供应链动态决策问题。在第 4 章的研究假设和基本模型上，本章进一步考虑了政府低碳奖惩机制对双渠道低碳供应链均衡决策的影响。针对由一个绿色制造商与一个零售商组成的双渠道低碳供应链，综合考虑线下广告效应、制造商减排努力、产品商誉等因素对市场需求的影响，以及政府低碳奖惩机制政策对制造商与零售商联合减排策略的影响，基于微分博弈研究了制造商生产低碳产品与零售商投入低碳广告时的动态联合减排策略。先后讨论了无政府规制、存在政府规制但无协调契约，以及存在政府规制并采用协调契约等三种模式下双渠道低碳供应链的均衡策略，比较分析了三种模式下的均衡策略和最优利润，并对均衡策略和最优利润的稳态值与瞬态值进行了数值模拟仿真。

第 6 章为结论与展望。总结了本书研究内容和主要结论，并提出今后的研究方向。

1.3.2　创新点

本书将消费者低碳偏好和低碳感知嵌入到低碳供应链运作优化的理论研究框架，研究了消费者低碳偏好和低碳感知下的低碳供应链决策优化问题。本书研究的创新点主要体现在以下方面：

（1）考虑消费者产品低碳偏好和市场权利结构的双寡头低碳供应链决策模型。低碳经济背景下，许多企业竞相研发、生产低碳产品，但不论大型制造商或中小型企业都有成功或失败的案例，而少有文献研究绿色制造商与传统制造商之间的竞争结构对低碳产品市场绩效的影响,由此本书研究了制造商市场权利结构对双寡头低碳供应链决策的影响,并探讨了低碳供应链中先发优势与绿色竞争优势的相关性。本研究考虑了消费者产品低碳偏好对低碳产品市场需求的影响,以及双寡头供应链中制造商市场权利结构对制造商生产营运策略的影响,研究了绿色制造商与传统制造商市场地位均势、绿色制造商领先以及传统制造商领先等三种博弈模式,分析了三种模式下双寡头低碳供应链的均衡策略。

(2)考虑消费者渠道低碳偏好的双渠道低碳供应链决策模型。线上与线下双渠道结构是电子商务环境下被广泛采用的供应链结构,双渠道低碳供应链也是可持续供应链管理持续关注的热点。现有研究多关注于产品属性、消费者行为、广告策略、市场环境等因素,而部分文献基于实证研究发现消费者购物活动的差异导致线上与线下渠道间存在较明显的碳排放差异。本书将消费者购物活动的碳排放纳入销售渠道碳足迹核算中,并将其界定为渠道碳足迹,以区分产品碳足迹。本研究针对线上与线下渠道的碳足迹差异,借鉴相关文献研究,建立了考虑消费者渠道低碳偏好的双渠道低碳供应链决策模型,分析了关键参数对线上与线下渠道的最优可持续水平等均衡策略的影响。

(3)考虑消费者低碳感知的双渠道低碳供应链动态决策模型。放松了消费者对产品低碳属性能形成准确而稳定认知的假设,并根据相关研究和现实背景,假设消费者对产品低碳属性的认知是动态变化的。国内外学者对低碳背景下双渠道供应链的运营机制进行了广泛而深入的研究,但少有研究考虑制造商与零售商的线上线下广告合作策略。特别地,尚无文献关注于动态环境下竞争型与支持型广告策略对双渠道低碳供应链均衡策略的影响。本书从动态视角综合考虑了消费者低碳感知、广告效应与商誉等因素,研究了竞争型与支持型广告策略下的双渠道低碳供应链均衡策略,为低碳环境下双渠道低碳供应链管理提供理论依据和科学参考。

(4)考虑消费者低碳感知和政府低碳奖惩机制的双渠道低碳供应链动态决策模型。政府低碳政策是低碳市场发展的重要引领力量,许多文献研究了考虑政府因素的低碳供应链决策模型,但鲜有文献关注于动态框架下考虑政府低碳奖惩机制的双渠道低碳供应链联合减排问题。本书综合考虑了线下广告效应、制造商减排努力、产品商誉等因素对市场需求的影响,以及政府低碳规制政策对制造商与零售商联合减排策略的影响,基于微分博弈理论研究了制造商生产低碳产品与零售商投入低碳广告时的动态联合减排策略。

1.4 内容结构

1)研究框架与技术路线

针对本书的主要研究内容,本书的研究框架与技术路线如图1.4所示。

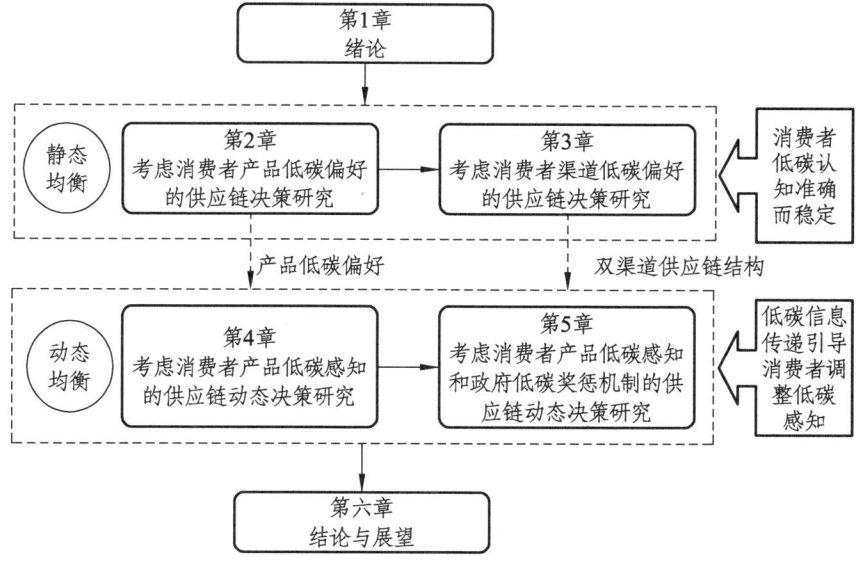

图 1.4 研究框架与技术路线

2)研究内容关联性说明

基于低碳供应链运作优化决策问题,本书以碳足迹为切入点,针对碳足迹核算方法,以是否考虑消费者购买活动的碳排放为依据,将碳足迹分为产品碳足迹和渠道碳足迹。进一步地,针对消费者对产品低碳偏好的形成过程,本书根据消费者对产品低碳属性认知是否具有时变性为依据将其分为消费者静态低碳偏好和消费者动态低碳感知。本书以此为基础展开相关研究。

首先,本书在消费者静态低碳偏好视角下,从产品碳足迹和渠道碳足迹两方面研究了低碳供应链运作优化问题：考虑消费者产品碳足迹偏好的影响，第 2 章研究了考虑消费者产品碳足迹偏好和制造商市场权利结构的双寡头低碳供应链运作优化问题；考虑消费者渠道碳足迹偏好的影响，第 3 章研究了考虑消费者渠道碳足迹偏好的双渠道低碳供应链运作优化问题。

其次，在考虑参照群体、信息传递、认知调节等影响下，消费者对产品碳足迹感知是动态变化的。因此，以静态框架下产品碳足迹和双渠道供应链结构等内容为基础，第 4 章、第 5 章进一步地在动态框架下分别研究了考虑消费者动态低碳感知的双渠道低碳供应链运作优化问题：考虑线上与线下低碳广告投入的影响，第 4 章基于微分博弈理论研究了考虑消费者产品低碳感知的双渠道低碳供应链运作优化问题；进一步地，考虑政府低碳奖惩机制的影响，第 5 章基于微分博弈理论研究了考虑消费者产品低碳感知和政府低碳奖惩机制的双渠道低碳供应链运作优化问题。

2

考虑消费者产品低碳偏好的供应链决策研究

  针对绿色制造商在竞争环境下的绿色生产运作问题,本章综合考虑了消费者产品低碳偏好对低碳产品市场需求的影响,以及在由一个绿色制造商、一个传统制造商与一个共同零售商组成的双寡头低碳供应链中制造商市场权利结构对制造商生产营运策略的影响,分别研究了绿色制造商与传统制造商市场权利均势、绿色制造商领先以及传统制造商领先等三种博弈模式,通过对双寡头低碳供应链建模分析,得出了三种博弈模式下供应链均衡策略,并借助数值模拟仿真,进一步研究了产品价格竞争和低碳竞争对低碳供应链运营策略与供应链利润的影响。

2.1 引言

随着社会大众对气候变暖、能源短缺等全球性环境问题的日益关切，可持续发展业已成为学术界与工业界的广泛共识，也造就了可持续供应链管理（或绿色供应链管理）领域研究的持续发展。可持续供应链管理促使供应链成员企业将环保意识贯穿到供应链管理活动中，如产品设计、原材料采购与选择、生产过程，成品运输以及废旧物品回收管理等[127]。实施绿色供应链管理，不仅能改善企业的环境与经济效益，也使企业获得竞争优势，从而正向地激励企业深入推进可持续供应链管理[128]。绿色产品在绿色供应链管理的发展中扮演关键角色。随着环境压力的持续加大，政府出台了一系列法律法规以降低环境污染，自上而下的压力构成了企业生产绿色产品的重要因素。另外，随着消费者环保意识的持续加强，消费者对绿色产品的强烈需求自下而上地构成了企业绿色生产的重要动力。因而，越来越多的企业投入到绿色清洁产品的研发、生产与销售。Driessen 等通过对化工与食品领域的案例研究发现大型企业和中小型企业都在研发和生产绿色产品[129]。与此同时，大量的经验证据表明不管大型企业还是中小型企业都可能成功或失败[130]。

目前，许多学者研究了绿色产品市场绩效的影响因素。Pujari 发现新产品开发人员与环境专家间的跨组织协调、供应商参与、市场定位与全生命周期分析是影响绿色新产品市场绩效的关键因素[131]。Driessen 等认为产品绿色度是绿色产品市场营销的关键要素[129]。基于产品绿色度的重要性，部分学者深入研究了企业的绿色生产策略。Li 等研究了双渠道绿色供应链的产品定价与绿色度问题[118]。Zhu 和 He 研究了制造商生产研发密集型绿色产品（Development-Intensive Green Product, DIGP）与边际成本密集型绿色产品（Marginal-Cost Green Product, MCGD）时供应链的绿色产品设计问题[60]。Yang 和 Xiao 研究了模糊不确定环境下考虑政府干预的供应链的绿色产品与绿色度问题[132]。然而，很少有研究关注于绿色制造商的市场地位对绿色产品价格与绿色度策略的影响。

综上所述，本章研究了在由一个绿色制造商、一个传统制造商与一个共同零售商组成的低碳供应链中制造商处于不同市场权利结构时供应链的均衡策略。其中，绿色制造商生产低碳产品，传统制造商生产常规产品，这两种产品由一个共同零售商销售给消费者。制造商与零售商进行制造商领导的 Stackelberg 博弈，而绿色制造商与传统制造商进行如下三种 Stackelberg 子博弈：① 绿色制造商与普通制造商权利地位均等；② 绿色制造商领导的 Stackelberg 子博弈（如大型绿色制造商和中小型传统制造商）；③ 传统制造商领导的 Stackelberg 子博弈（如大型传统制造商和中小型绿色制造商）。与此同时，研究表明，绿色供应链领域不仅存在先发优势[38]，而且存在绿色竞争优势[111]。然而，少有文献研究绿色供应链中先发优势与绿色竞争优势的相关性。因此，本章通过分析上述三种场景下低碳供应链的均衡策略来研究以下问题：① 绿色制造商与传统制造商间的市场权利结构如何影响低碳供应链的均衡策略？② 在何种条件下低碳供应链中同时存在先发优势与绿色竞争优势？

2.2 模型描述、符号与假设

2.2.1 模型描述

本章考虑了由一个绿色制造商（M_1）、一个传统制造商（M_2）与一个共同零售商组成的双寡头低碳供应链中，制造商作为领导者、零售商作为追随者的 Stackelberg 博弈。其中两个制造商子博弈顺序如下：

（1）Bertrand 子博弈（B）：绿色制造商与传统制造商同时进行决策，互不参考。

（2）绿色制造商作为领导者的 Stackelberg 子博弈（M_1S）：绿色制造商作为领导者先行动，以自身利益最大化为目标，确定绿色产品的低碳水平与边际利润；传统制造商作为跟随者，根据绿色制造商的决策确定传统产品的边际利润。

（3）传统制造商作为领导者的 Stackelberg 子博弈（M_2S）：传统制造商作为领导者先行动，以自身利益最大化为目标，确定传统产品的边际利润；绿色制造商作为追随者，根据传统制造商的决策确定绿色产品的低碳水平与边际利润。

零售商作为追随者，根据两个制造商的决策确定绿色产品与传统产品的边际销售利润。

2.2.2 模型符号说明

本章用到的符号说明如下:

1) 决策变量

θ: 绿色产品与传统产品的低碳水平差异,即 $\theta = \theta_g - \theta_t$,其中 θ_g, θ_t 分别指绿色产品与传统产品的低碳水平;

m_{M_1}, m_{M_2}: 绿色制造商与传统制造商向零售商批发产品的边际利润,即 $w_1 = c_1 + m_{M_1}$ 和 $w_2 = c_2 + m_{M_2}$;

m_{R_1}, m_{R_2}: 零售商销售绿色产品与传统产品的边际利润,即 $p_1 = w_1 + m_{R_1}$ 和 $p_2 = w_2 + m_{R_2}$。

2) 供应链参数

α: 市场潜在需求;

β: 产品价格系数;

γ: 产品交叉价格系数,$\beta > \gamma$;

δ: 消费者低碳偏好系数;

D_1, D_2: 绿色产品与传统产品的市场需求;

p_1, p_2: 绿色产品与传统产品的销售价格;

w_1, w_2: 绿色产品与传统产品的批发价格;

c_1, c_2: 绿色产品与传统产品的生产成本,$c_1 > c_2$;

$\pi_{M_1}, \pi_{M_2}, \pi_R, \pi_S$: 绿色制造商、传统制造商、零售商与供应链的利润;

上标 B, M_1S, M_2S: Bertrand 博弈、绿色制造商领导的 Stackelberg 博弈与传统制造商领导的 Stackelberg 博弈下的低碳供应链决策。

2.2.3 模型假设

为方便讨论,本章做出如下假设:

假设 1 绿色制造商、传统制造商与零售商之间是完全信息博弈。

假设 2 本书将前文的产品碳足迹定义为产品的低碳水平。绿色产品与传统产品的低碳水平分别定义为 θ_g 和 θ_t,并令 θ 代表两种产品低碳水平的差值,即 $\theta = \theta_g - \theta_t$。低碳水平越高表示产品的碳足迹越少。因此,绿色产品的低碳水平要高于传统产品,$\theta > 0$。为了专注于产品低碳竞争的影响,参考文献[128]的处理方式,将传统产品的低碳水平视作基准并假设

$\theta_t = 0$，则 $\theta_g = \theta$。

假设 3 在合理范围内，绿色消费者愿意为绿色产品付出额外的费用。因此，借鉴文献[60][133]的线性需求函数模型，假设产品的需求是产品价格与低碳水平的函数：

$$D_1 = \alpha - \beta p_1 + \gamma p_2 + \delta\theta \qquad (2.1)$$

$$D_2 = \alpha - \beta p_2 + \gamma p_1 - \delta\theta \qquad (2.2)$$

假设 4 绿色制造商投入绿色产品创新与生产，使得绿色产品的低碳水平为 θ，参考文献[118,134]，假设绿色生产成本为 $c(\theta) = \frac{1}{2}h\theta^2$。

基于以上假设，可得绿色制造商、传统制造商与零售商的利润函数：

$$\pi_{M_1} = m_{M_1}D_1 - c(\theta) \qquad (2.3)$$

$$\pi_{M_2} = m_{M_2}D_2 \qquad (2.4)$$

$$\pi_R = m_{R_1}D_1 + m_{R_2}D_2 \qquad (2.5)$$

2.3 模型构建与分析

2.3.1 零售商利润函数

零售商 R 作为追随者，基于制造商 M_1 和 M_2 的最优决策确定绿色产品与传统产品的最优销售价格。由逆推法，先求得零售商的利润函数。将式（2.5）改写为

$$\begin{aligned}\pi_R(m_{R_1}, m_{R_2}) = &\, m_{R_1}[\alpha - \beta(m_{R_1} + m_{M_1} + c_1) + \gamma(m_{R_2} + m_{M_2} + c_2) + \delta\theta] + \\ &\, m_{R_2}[\alpha - \beta(m_{R_2} + m_{M_2} + c_2) + \gamma(m_{R_1} + m_{M_1} + c_1) - \delta\theta]\end{aligned}$$

$$(2.6)$$

零售商利润函数关于绿色产品与传统产品边际销售利润 m_{R_1} 和 m_{R_2} 的 Hessian 矩阵为

$$H_{\pi_R} = \begin{pmatrix} \dfrac{\partial \pi_R^2}{\partial^2 m_{R_1}} & \dfrac{\partial \pi_R^2}{\partial m_{R_1} \partial m_{R_2}} \\ \dfrac{\partial \pi_R^2}{\partial m_{R_2} \partial m_{R_1}} & \dfrac{\partial \pi_R^2}{\partial^2 m_{R_2}} \end{pmatrix} = \begin{pmatrix} -2\beta & 2\gamma \\ 2\gamma & -2\beta \end{pmatrix} \quad (2.7)$$

由参数假设可知，$4(\beta^2 - \gamma^2) > 0$，因此 Hessian 矩阵 H_{π_R} 负定，此时零售商利润函数是 m_{R_1} 和 m_{R_2} 的联合凸函数，存在唯一确定的 $m_{R_1}^*$ 和 $m_{R_2}^*$ 使零售商利润函数取得最大值。最大化零售商利润函数，分别求式（2.5）关于 m_{R_1} 和 m_{R_2} 的一阶偏导数：

$$\frac{\partial \pi_R}{\alpha m_{R_1}} = \alpha - 2\beta m_{R_1} + 2\gamma m_{R_2} - \beta m_{M_1} + \gamma m_{M_2} + \delta\theta - \beta c_1 + \gamma c_2 \quad (2.8)$$

$$\frac{\partial \pi_R}{\partial m_{R_2}} = \alpha + 2\gamma m_{R_1} - 2\beta m_{R_2} + \gamma m_{M_1} - \beta m_{M_2} - \delta\theta + \gamma c_1 - \beta c_2 \quad (2.9)$$

令上式等于 0，联立上式求解得到零售商利润最大化时绿色产品与传统产品的边际销售利润：

$$m_{R_1}^*(m_{M_1}, \theta, m_{M_2}) = \frac{\alpha(\beta+\gamma) + \delta\theta(\beta-\gamma)}{2(\beta^2 - \gamma^2)} - \frac{m_{M_1} + c_1}{2} \quad (2.10)$$

$$m_{R_2}^*(m_{M_1}, \theta, m_{M_2}) = \frac{\alpha(\beta+\gamma) - \delta\theta(\beta-\gamma)}{2(\beta^2 - \gamma^2)} - \frac{m_{M_2} + c_2}{2} \quad (2.11)$$

2.3.2 制造商子博弈模型

1）Bertrand 子博弈（B）

子博弈 B 下，绿色制造商与传统制造商同时独立决策，其决策目标为

$$\begin{cases} \max\limits_{(m_{M_1}, \theta)} \pi_{M_1}(m_{M_1}, \theta, m_{R_1}^*(m_{M_1}, \theta, m_{M_2}), m_{R_2}^*(m_{M_1}, \theta, m_{M_2})) \\ \max\limits_{(m_{M_2})} \pi_{M_2}(m_{M_2}, m_{R_1}^*(m_{M_1}, \theta, m_{M_2}), m_{R_2}^*(m_{M_1}, \theta, m_{M_2})) \end{cases} \quad (2.12)$$

绿色制造商利润函数关于边际批发利润 m_{M_1} 和低碳水平 θ 的 Hessian 矩阵为

$$\boldsymbol{H}_{\pi_{M_1}} = \begin{pmatrix} \dfrac{\partial \pi_{M_1}^2}{\partial^2 m_{M_1}} & \dfrac{\partial \pi_{M_1}^2}{\partial m_{M_1} \partial \theta} \\ \dfrac{\partial \pi_{M_1}^2}{\partial \theta \partial m_{M_1}} & \dfrac{\partial \pi_{M_1}^2}{\partial^2 \theta} \end{pmatrix} = \begin{pmatrix} -\beta & \delta/2 \\ \delta/2 & -h \end{pmatrix} \quad (2.13)$$

当 $h\beta - \dfrac{\delta^2}{4} > 0$，即 $h > \dfrac{\delta^2}{4\beta}$ 时，Hessian 矩阵 $\boldsymbol{H}_{\pi_{M_1}}$ 负定。此时，绿色制造商的利润函数是 m_{M_1} 和 θ 的联合凸函数。传统制造商利润函数关于边际批发利润 m_{M_2} 的二阶导数为 $\dfrac{\mathrm{d}^2 \pi_{M_2}(m_{M_2})}{\mathrm{d} m_{M_2}^2} = -\dfrac{\beta}{2} < 0$。因此，传统制造商利润函数是关于 m_{M_2} 的凸函数。最大化利润函数，分别求 π_{M_1} 关于 m_{M_1} 和 θ 的一阶偏导数，以及 π_{M_2} 关于 m_{M_2} 的一阶导数，分别得到

$$\frac{\partial \pi_{M_1}}{\partial m_{M_1}} = \frac{-2\beta m_{M_1} + \gamma m_{M_2} + \delta\theta + \alpha - \beta c + \gamma c_2}{2} \quad (2.14)$$

$$\frac{\partial \pi_{M_1}}{\partial \theta} = \frac{\delta m_{M_1} - 2h\theta}{2} \quad (2.15)$$

$$\frac{\mathrm{d} \pi_{M_2}}{\mathrm{d} m_{M_2}} = \frac{\gamma m_{M_1} - 2\beta m_{M_2} - \delta\theta + \alpha + \gamma c_1 - \beta c_2}{2} \quad (2.16)$$

令式（2.14）~式（2.16）分别为 0，联立求解可得

$$m_{M_1}^{B*} = \frac{2h[(\gamma^2 - 2\beta^2)c_1 + \beta\gamma c_2 + \alpha(2\beta + \gamma)]}{(2\beta - \gamma)(4h\beta - \delta^2 + 2\gamma h)} \quad (2.17)$$

$$m_{M_2}^{B*} = \frac{[\delta^2(\beta - \gamma) + 2\beta h]c_1 + [\delta^2(\beta - \gamma) + 2h(\gamma^2 - 2\beta^2)]c_2 + 2\alpha[h(2\beta + \gamma) - 2\delta^2]}{(2\beta - \gamma)(4h\beta - \delta^2 + 2\gamma h)}$$

$$(2.18)$$

$$\theta^{B*} = \frac{[(\gamma^2 - 2\beta^2)c_1 + \beta\gamma c_2 + \alpha(2\beta + \gamma)]\delta}{8\beta^2 h - 2\beta\delta^2 + \delta^2\gamma - 2\gamma^2 h} \quad (2.19)$$

将式（2.17）~式（2.19）代入式（2.10）和式（2.11），可得子博弈模型 B 下零售商的零售商边际利润：

$$m_{R_1}^{B*} = \frac{\beta\{(\gamma-\beta)[2h(\gamma+\beta)(2\beta c_1 + \gamma c_2) - \gamma\delta^2(c_1+c_2)] + 2\alpha[h(\gamma+2\beta)(\gamma+\beta) - \gamma\delta^2]\}}{2(2\beta-\gamma)(4h\beta-\delta^2+2\gamma h)(\beta^2-\gamma^2)}$$

(2.20)

$$m_{R_2}^{B*} = \frac{\beta\{(\gamma-\beta)[2h(\gamma+\beta)(2\beta c_2 + \gamma c_1) - \beta\delta^2(c_1+c_2)] + 2h\alpha(\gamma+2\beta)(\gamma+\beta) + 2h\alpha\gamma^2\}}{2(2\beta-\gamma)(4h\beta-\delta^2+2\gamma h)(\beta^2-\gamma^2)}$$

(2.21)

2）绿色制造商领导的 Stackelberg 子博弈（M_1S）

子博弈 M_1S 下，绿色制造商先决定绿色产品的边际批发利润 m_{M_1} 和低碳水平 θ，传统制造商根据绿色制造商的决策决定传统产品的边际批发利润 m_{M_2}。绿色制造商与传统制造商的决策目标为

$m_{M_2}^*$ 由下式求得

$$\begin{cases} \max_{(m_{M_1},\theta)} \pi_{M_1}(m_{M_1},\theta,m_{R_1}^*(m_{M_1},\theta,m_{M_2}^*),m_{R_2}^*(m_{M_1},\theta,m_{M_2}^*)) \\ \max_{(m_{M_2})} \pi_{M_2}(m_{M_2},m_{R_1}^*(m_{M_1},\theta,m_{M_2}),m_{R_2}^*(m_{M_1},\theta,m_{M_2})) \end{cases}$$

(2.22)

前文"Bertrand 子博弈"已分析得出传统制造商利润函数 π_{M_2} 是关于 m_{M_2} 的凸函数。令式（2.16）为 0，可得传统制造商的利润函数：

$$m_{M_2}^*(m_{M_1},\theta) = \frac{\gamma m_{M_1} - \delta\theta + \alpha - \beta c_2 + \gamma c_1}{2\beta}$$

(2.23)

将式（2.23）代入 π_{M_1} 中，绿色制造商利润函数 π_{M_1} 关于边际批发利润 m_{M_1} 和绿色度 θ 的 Hessian 矩阵为

$$H'_{\pi_{M_1}} = \begin{pmatrix} \dfrac{\partial \pi_{M_1}^2}{\partial^2 m_{M_1}} & \dfrac{\partial \pi_{M_1}^2}{\partial m_{M_1} \partial \theta} \\ \dfrac{\partial \pi_{M_1}^2}{\partial \theta \partial m_{M_1}} & \dfrac{\partial \pi_{M_1}^2}{\partial^2 \theta} \end{pmatrix} = \begin{pmatrix} \dfrac{\gamma^2-2\beta^2}{2\beta} & \dfrac{(2\beta-\gamma)\delta}{4\beta} \\ \dfrac{(2\beta-\gamma)\delta}{4\beta} & -h \end{pmatrix}$$

(2.24)

易知，当 $\dfrac{(2\beta^2-\gamma^2)h}{2\beta} - \dfrac{(2\beta-\gamma)^2\delta^2}{16\beta^2} > 0$，即 $h > \dfrac{(2\beta-\gamma)^2\delta^2}{8\beta(2\beta^2-\gamma^2)}$ 时，Hessian

矩阵 $H'_{\pi_{M_1}}$ 负定。此时，绿色制造商利润函数 π_{M_1} 是 m_{M_1} 和 θ 的联合凸函数。最大化利润函数，分别求 π_{M_1} 关于 m_{M_1} 和 θ 的一阶偏导数：

$$\frac{\partial \pi_{M_1}}{\partial m_{M_1}} = \frac{2(\gamma^2 - 2\beta^2)m_{M_1} + (2\beta - \gamma)\delta\theta + (\gamma^2 - 2\beta^2)c_1 + \beta\gamma c_2 + \alpha(2\beta + \gamma)}{4\beta}$$

（2.25）

$$\frac{\partial \pi_{M_1}}{\partial \theta} = \frac{(2\beta - \gamma)\delta m_{M_1} - 4h\beta\theta}{4\beta}$$

（2.26）

令式（2.25）和式（2.26）分别为 0，联立求解可得

$$m_{M_1}^{M_1 S*} = \frac{4\beta h[(\gamma^2 - 2\beta^2)c_1 + \beta\gamma c_2 + \alpha(2\beta + \gamma)]}{8\beta h(2\beta^2 - \gamma^2) - (2\beta - \gamma)^2 \delta^2}$$

（2.27）

$$\theta^{M_1 S*} = \frac{\delta(2\beta - \gamma)[(\gamma^2 - 2\beta^2)c_1 + \beta\gamma c_2 + \alpha(2\beta + \gamma)]}{8\beta h(2\beta^2 - \gamma^2) - (2\beta - \gamma)^2 \delta^2}$$

（2.28）

将式（2.27）和式（2.28）代入式（2.10）、式（2.11）和式（2.23），可得子博弈模型 $M_1 S$ 下传统制造商的最优边际批发利润和零售商的最优边际销售利润：

$$m_{R_1}^{M_1 S*} = \frac{\beta\{4h(\gamma^2 - \beta^2)[(\gamma^2 - 2\beta^2)c_1 - \beta\gamma c_2] +}{2(4\beta^2\delta^2 - 16\beta^3 h - 4\beta\delta^2\gamma + 8\beta\gamma^2 h + \delta^2\gamma^2)(\beta^2 - \gamma^2)} \rightarrow$$

$$\leftarrow \frac{(\gamma - 2\beta)\{\gamma\delta^2(\beta - \gamma)(c_1 + c_2) + 2\alpha[2h(\gamma + \beta)^2 - \gamma\delta^2]\}\}}{2(4\beta^2\delta^2 - 16\beta^3 h - 4\beta\delta^2\gamma + 8\beta\gamma^2 h + \delta^2\gamma^2)(\beta^2 - \gamma^2)}$$

（2.29）

$$m_{R_2}^{M_1 S*} = \frac{2h(\gamma^2 - \beta^2)(-4\beta^3 c_2 - 2\beta^2 c_1\gamma + \beta c_2\gamma^2 + c_1\gamma^3) + (\gamma - 2\beta)[-\beta^2\delta^2(\gamma - \beta)(c_1 + c_2) -}{2(-16\beta^3 h + 4\beta^2\delta^2 - 4\beta\delta^2\gamma + 8\beta\gamma^2 h + \delta^2\gamma^2)(\beta^2 - \gamma^2)} \rightarrow$$

$$\leftarrow \frac{2\alpha\beta^2\delta^2] + 2h\alpha(\gamma + \beta)(-4\beta^3 - 2\beta^2\gamma + \beta\gamma^2 + \gamma^3)}{2(-16\beta^3 h + 4\beta^2\delta^2 - 4\beta\delta^2\gamma + 8\beta\gamma^2 h + \delta^2\gamma^2)(\beta^2 - \gamma^2)}$$

（2.30）

$$m_{M_2}^{M_1S*} = \frac{2h(4\beta^3 c_2 - 3\beta\gamma^2 c_2 - 2\gamma\beta^2 c_1 + \gamma^3 c_1) + 2h\alpha(-4\beta^2 - 2\beta\gamma + \gamma^2) -}{4\beta^2\delta^2 - 16\beta^3 h - 4\beta\delta^2\gamma + 8\beta\gamma^2 h + \delta^2\gamma^2} \rightarrow$$

$$\leftarrow \frac{\delta^2(\gamma - \beta)(\gamma - 2\beta)(c_1 + c_2) + 2\alpha\delta^2(2\beta - \gamma)}{4\beta^2\delta^2 - 16\beta^3 h - 4\beta\delta^2\gamma + 8\beta\gamma^2 h + \delta^2\gamma^2}$$

（2.31）

3）传统制造商领导的 Stackelberg 子博弈（M_2S）

子博弈 M_2S 下，传统制造商先决定传统产品的边际批发利润 m_{M_2}，绿色制造商根据传统制造商的决策决定绿色产品的边际批发利润 m_{M_1} 和低碳水平 θ。传统制造商与绿色制造商的决策目标为

$$\begin{cases} \max_{(m_{M_2})} \pi_{M_2}(m_{M_2}, m_{R_1}^*(m_{M_1}^*, \theta^*, m_{M_2}), m_{R_2}^*(m_{M_1}^*, \theta^*, m_{M_2})) \\ \max_{(m_{M_1}, \theta)} \pi_{M_1}(m_{M_1}, \theta, m_{R_1}^*(m_{M_1}, \theta, m_{M_2}), m_{R_2}^*(m_{M_1}, \theta, m_{M_2})) \end{cases}$$

（2.32）

$m_{M_1}^*, \theta^*$ 由式（2.32）求得。

前文"Bertrand 子博弈"已分析得出，当 $h\beta - \dfrac{\delta^2}{4} > 0$ 时，绿色制造商的利润函数 π_{M_1} 是 m_{M_1} 和 θ 的联合凸函数。令式（2.14）和式（2.15）为 0，联立可得制造商的利润函数：

$$m_{M_1}^*(m_{M_2}) = \frac{2h(\gamma m_{M_2} - \beta c_1 + \gamma c_2 + \alpha)}{4\beta h - \delta^2}$$

（2.33）

$$\theta^*(m_{M_2}) = \frac{(\gamma m_{M_2} - \beta c_1 + \gamma c_2 + \alpha)\delta}{4\beta h - \delta^2}$$

（2.34）

将式（2.33）和式（2.34）代入 π_{M_2}，求 π_{M_2} 关于 m_{M_2} 的一阶导数与二阶导数：

$$\frac{d\pi_{M_2}}{dm_{M_2}} = \frac{2h(\gamma^2 - 2\beta^2)(2m_{M_2} + c_2) + (\beta - \gamma)(c_1 + c_2 - m_{M_2})\delta^2 +}{2(4\beta h - \delta^2)} \rightarrow$$

$$\leftarrow \frac{2[\beta\gamma h c_1 + \alpha(2\beta h - \delta^2 + h\gamma)]}{2(4\beta h - \delta^2)}$$

（2.35）

$$\frac{d^2\pi_{M_2}}{dm_{M_2}^2} = \frac{2h(\gamma^2 - 2\beta^2) + \delta^2(\beta - \gamma)}{4\beta h - \delta^2}$$

（2.36）

易知当 $h > \dfrac{(2\beta-\gamma)^2\delta^2}{8\beta(2\beta^2-\gamma^2)}$ 时，$\dfrac{\mathrm{d}^2\pi_{M_2}}{\mathrm{d}m_{M_2}^2} < 0$。此时，传统制造商利润函数 π_{M_2} 是关于 m_{M_2} 的凸函数。令式（2.35）为 0，求解可得

$$m_{M_2}^{M_2S*} = \frac{(\beta-\gamma)\delta^2(c_1+c_2) + 2\beta\gamma hc_1 + 2hc_2(\gamma^2-2\beta^2) + 2\alpha(2\beta h - \delta^2 + \gamma h)}{2(4\beta^2 h - \beta\delta^2 + \delta^2\gamma - 2\gamma^2 h)}$$

（2.37）

将式（2.37）代入式（2.10）、式（2.11）、式（2.33）和式（2.34），可得子博弈模型 M_2S 下绿色制造商的最优低碳水平和最优边际批发利润以及零售商的最优边际销售利润：

$$\theta^{M_2S*} = \frac{\delta[2\alpha(\beta\delta^2 - 4\beta^2 h - 2\beta\gamma h + \gamma^2 h) + h\delta^2(\gamma-\beta)(2\beta c_1 + c_1\gamma - c_2\gamma) +}{2(\beta\delta^2 - 4\beta^2 h - \delta^2\gamma + 2\gamma^2 h)(4\beta h - \delta^2)} \to$$

$$\leftarrow \frac{(8\beta^3 c_1 - 4\beta^2 c_2\gamma - 6\beta c_1\gamma^2 + 2c_2\gamma^3)]}{2(\beta\delta^2 - 4\beta^2 h - \delta^2\gamma + 2\gamma^2 h)(4\beta h - \delta^2)}$$

（2.38）

$$m_{M_1}^{M_2S*} = \frac{h[2\alpha h(\gamma^2 - 4\beta^2 - 2\beta\gamma) - (4\beta^2\gamma h - \beta\delta^2\gamma + \delta^2\gamma^2 - 2\gamma^3 h)c_2 +}{(\beta\delta^2 - 4\beta^2 h - \delta^2\gamma + 2\gamma^2 h)(4h\beta - \delta^2)} \to$$

$$\leftarrow \frac{(8\beta^3 h - 2\beta^2\delta^2 + \beta\delta^2\gamma - 6\beta\gamma^2 h + \delta^2\gamma^2)c_1]}{(\beta\delta^2 - 4\beta^2 h - \delta^2\gamma + 2\gamma^2 h)(4h\beta - \delta^2)}$$

（2.39）

$$m_{R_1}^{M_2S*} = \frac{(\gamma-\beta)[4h^2(\gamma+\beta)(-4\beta^3 c_1 - 2\beta^2 c_2\gamma + \beta c_1\gamma^2 + c_2\gamma^3) + \gamma\delta^4(c_1+c_2)(\gamma-\beta) -}{4(4\beta^2 h - \beta\delta^2 + \delta^2\gamma - 2\gamma^2 h)(4h\beta - \delta^2)(\gamma+\beta)} \to$$

$$\leftarrow \frac{2h\delta^2(-2\beta^3 c_1 - 3\beta^2 c_1\gamma - 3\beta^2 c_2\gamma + \beta c_1\gamma^2 + c_1\gamma^3 + 2c_2\gamma^3)] -}{4(4\beta^2 h - \beta\delta^2 + \delta^2\gamma - 2\gamma^2 h)(4h\beta - \delta^2)(\gamma+\beta)}$$

$$\leftarrow \frac{2(\gamma+\beta)(4\beta^3 + 2\beta^2\gamma - \beta\gamma^2 - \gamma^3)h^2 + h\delta^2(\beta+3\gamma)(2\beta^2 - \gamma^2) + \gamma\delta^4(\gamma-\beta)}{4(4\beta^2 h - \beta\delta^2 + \delta^2\gamma - 2\gamma^2 h)(4h\beta - \delta^2)(\gamma+\beta)}$$

（2.40）

$$m_{R_2}^{M_2S*} = \frac{\beta\{8(\gamma^2 - \beta^2)(-2\beta^2 c_2 - \beta c_1\gamma + c_2\gamma^2)h^2 + \delta^4(c_1+c_2)(\gamma-\beta)^2 +}{4(\beta\delta^2 - 4\beta^2 h - \delta^2\gamma + 2\gamma^2 h)(4h\beta - \delta^2)(\beta^2 - \gamma^2)} \to$$

$$\leftarrow \frac{2\alpha[4h^2(\gamma-2\beta)(\gamma+\beta)^2 - \delta^2(-6\beta^2-\beta\gamma+3\gamma^2)+\delta^4(\gamma-\beta)]-}{4(\beta\delta^2-4\beta^2 h-\delta^2\gamma+2\gamma^2 h)(4h\beta-\delta^2)(\beta^2-\gamma^2)}$$

$$\leftarrow \frac{2h\delta^2(\gamma-\beta)(-2\beta^2 c_1 - 4\beta^2 c_2 -\beta c_1\gamma+3c_2\gamma^2)\}}{4(\beta\delta^2-4\beta^2 h-\delta^2\gamma+2\gamma^2 h)(4h\beta-\delta^2)(\beta^2-\gamma^2)}$$

（2.41）

2.3.3 结果分析

推论 2.1 在三种子博弈模型下，绿色制造商、传统制造商与零售商的边际利润都受 h 影响，$\frac{\partial m_{M_1}^*}{\partial h}<0$，$\frac{\partial \theta^*}{\partial h}<0$，$\frac{\partial m_{M_2}^*}{\partial h}>0$，$\frac{\partial m_{R_1}^*}{\partial h}<0$ 和 $\frac{\partial m_{R_2}^*}{\partial h}>0$。令 $m_R = m_{R_1}+m_{R_2}$，则有

（1）子博弈模型 B，$\frac{\partial m_R^*}{\partial h}=0$；

（2）子博弈模型 $M_1 S$，$\frac{\partial m_R^*}{\partial h}>0$；

（3）子博弈模型 $M_2 S$，$\frac{\partial m_R^*}{\partial h}<0$。

证明 首先分析子博弈模型 B 的均衡解，由式（2.14）~式（2.16）可得

$$-2\beta m_{M_1}^* + \delta\theta^* + \gamma m_{M_2}^* = \beta c_1 - \gamma c_2 - \alpha \quad (2.42)$$

$$\delta m_{M_1}^* - 2h\theta^* = 0 \quad (2.43)$$

$$\gamma m_{M_1}^* - \delta\theta^* - 2\beta m_{M_2}^* = -\alpha - \gamma c_1 + \beta c_2 \quad (2.44)$$

对式（2.42）~式（2.44）求关于 h 的一阶偏导，可得

$$-2\beta\frac{\partial m_{M_1}^*}{\partial h} + \delta\frac{\partial \theta^*}{\partial h} + \gamma\frac{\partial m_{M_1}^*}{\partial h} = 0 \quad (2.45)$$

$$\delta\frac{\partial m_{M_1}^*}{\partial h} - 2h\frac{\partial \theta^*}{\partial h} = 2\theta^* \quad (2.46)$$

$$\gamma\frac{\partial m_{M_1}^*}{\partial h} - \delta\frac{\partial \theta^*}{\partial h} - 2\beta\frac{\partial m_{M_2}^*}{\partial h} = 0 \qquad (2.47)$$

联立式（2.45）~式（2.47），求解可得

$$\frac{\partial m_{M_1}^*}{\partial h} = \frac{1}{A}\begin{vmatrix} 0 & \delta & \gamma \\ 2\theta^* & -2h & 0 \\ 0 & -\delta & -2\beta \end{vmatrix} = \frac{2\theta^*\delta(2\beta-\gamma)}{A} \qquad (2.48)$$

其中

$$A = \begin{vmatrix} -2\beta & \delta & \gamma \\ \delta & -2h & 0 \\ \gamma & -\delta & -2\beta \end{vmatrix} = (2\gamma^2 - 4\beta^2)h + (\beta-\gamma)\delta^2$$

当 $h > \dfrac{\beta\delta^2}{4}$ 时，$A < 0$。由参数假设可知 $\dfrac{\partial m_{M_1}^*}{\partial h} < 0$。同理可得

$$\frac{\partial m_{M_2}^*}{\partial h} = \frac{1}{A}\begin{vmatrix} -2\beta & \delta & 0 \\ \delta & -2h & 2\theta^* \\ \gamma & -\delta & 0 \end{vmatrix} = \frac{2\theta^*\delta(\gamma-2\beta)}{A} > 0 \qquad (2.49)$$

$$\frac{\partial \theta^*}{\partial h} = \frac{1}{A}\begin{vmatrix} -2\beta & 0 & \gamma \\ \delta & 2\theta^* & 0 \\ \gamma & 0 & -2\beta \end{vmatrix} = \frac{2\theta^*(4\beta^2-\gamma^2)}{A} < 0 \qquad (2.50)$$

类似地，由式（2.8）和式（2.9）可得

$$2\gamma\frac{\partial m_{R_1}}{\partial h} - 2\beta\frac{\partial m_{R_2}}{\partial h} = -\gamma\frac{\partial m_{M_1}^*}{\partial h} + \delta\frac{\partial \theta^*}{\partial h} + \beta\frac{\partial m_{M_2}^*}{\partial h} \qquad (2.51)$$

$$-2\beta\frac{\partial m_{R_1}}{\partial h} + 2\gamma\frac{\partial m_{R_2}}{\partial h} = \beta\frac{\partial m_{M_1}^*}{\partial h} - \delta\frac{\partial \theta^*}{\partial h} - \gamma\frac{\partial m_{M_2}^*}{\partial h} \qquad (2.52)$$

将式（2.48）~式（2.50）代入式（2.51）和式（2.52），可得

$$\frac{\partial m_{R_1}^*}{\partial h} = \frac{\delta\beta(2\beta-\gamma)\theta^*}{A(\beta+\gamma)} < 0 \qquad (2.53)$$

$$\frac{\partial m_{R_2}^*}{\partial h} = \frac{\beta\delta(\gamma-2\beta)\theta^*}{A(\beta+\gamma)} > 0 \qquad (2.54)$$

$$\frac{\partial m_R^*}{\partial h} = \frac{\partial m_{R_1}^*}{\partial h} + \frac{\partial m_{R_2}^*}{\partial h} = 0 \qquad (2.55)$$

同理可证子博弈模型 M_1S 和 M_2S 下的相关结论。

推论 2.1 表明三种不同子博弈模型下，绿色成本系数的增加会降低产品绿色度和绿色制造商的边际批发利润，而传统制造商会从中获利。这是因为，增加的绿色成本系数会减弱绿色制造投资生产绿色产品的意愿，从而降低产品低碳水平，导致绿色竞争优势的削弱，绿色制造商会更专注于产品价格竞争，继而导致边际利润的下降。当面临激烈的绿色竞争时，传统制造商会通过降低边际批发利润以获得价格优势。因此，当绿色竞争减弱时，传统制造商可以适当增加边际利润以实现利润最大化。同理，当绿色竞争减弱时，零售商会适当降低绿色产品的边际销售利润和增加传统产品的边际销售利润以实现利润最大化。分析表明，不同的权利结构会影响零售商对绿色产品与传统产品的边际利润调整幅度：在子博弈 B 下，零售商会以同样的调整速度增加或降低绿色产品与传统产品的边际销售利润；在子博弈 M_1S 下，零售商对传统产品的边际销售利润调整幅度高于绿色产品的边际销售利润调整幅度；而在子博弈 M_2S 下，零售商对绿色产品的边际销售利润调整幅度高于传统产品的边际销售利润调整幅度。这表明，当绿色竞争减弱时（绿色成本系数增加），零售商会较大幅度地调整追随者的边际销售利润，而尽量稳定领导者的边际销售利润。

推论 2.2 在三种子博弈模型下，绿色制造商、传统制造商与零售商的边际利润都受 δ 影响，$\frac{\partial m_{M_1}^*}{\partial \delta} > 0$，$\frac{\partial \theta^*}{\partial \delta} > 0$，$\frac{\partial m_{M_2}^*}{\partial \delta} < 0$，$\frac{\partial m_{R_1}^*}{\partial \delta} > 0$，$\frac{\partial m_{R_2}^*}{\partial \delta} < 0$。对于 m_R，则有如下关系：

（1）子博弈模型 B，$\frac{\partial m_R^*}{\partial \delta} = 0$；

（2）子博弈模型 M_1S 和 M_2S，$\frac{\partial m_R^*}{\partial \delta} > 0$。

（证明过程同推论 2.1，略。）

推论 2.2 表明三种不同子博弈模型下，消费者绿色偏好系数的增加会增加绿色产品的边际批发利润和低碳水平，而降低传统产品的边际批发利润。这是因为，当消费者绿色偏好系数增加时，意味着产品的绿色竞争加剧，绿色制造商会通过提高产品低碳水平以获得更多的绿色竞争优势，借此可以获得更高的边际批发利润。而传统制造商为减弱绿色竞争劣势，需降低边际批发利润，通过价格竞争优势以冲抵绿色竞争劣势。同理，当绿色竞争加强时，零售商会通过提高绿色产品的边际销售利润而降低传统产品的边际销售利润以最大化零售商利润。当绿色制造商与传统制造商处于均势时，零售商会同幅度地增加或降低绿色产品或传统产品的边际销售利润。但不同于推论 2.2，当绿色制造商与传统制造商处于非均势时，零售商会较大幅度地调整绿色产品的边际销售利润，而较小幅度地调整传统产品的边际销售利润。这表明，绿色竞争激烈的环境下，当制造商权力非均势时，零售商从销售绿色产品能获得更多的边际利润。

推论 2.3 在三种子博弈模型下，绿色产品与传统产品的销售价格受 h 和 δ 影响，$\frac{\partial p_1^*}{\partial h} < 0$，$\frac{\partial p_1^*}{\partial \delta} > 0$，$\frac{\partial p_2^*}{\partial \delta} < 0$。

证明 由 $p_1 = m_{R_1} + m_{M_1} + c_1$ 和 $p_2 = m_{R_2} + m_{M_2} + c_2$，先分析子博弈模型 B：

$$\frac{\partial p_1^*}{\partial h} = \frac{\partial m_{R_1}^*}{\partial h} + \frac{\partial m_{M_1}^*}{\partial h} = \frac{\delta(3\beta + 2\gamma)(2\beta - \gamma)}{A(\beta + \gamma)} < 0 \quad (2.56)$$

$$\frac{\partial p_2^*}{\partial h} = \frac{\partial m_{R_2}^*}{\partial h} + \frac{\partial m_{M_2}^*}{\partial h} = \frac{\delta(\gamma - 2\beta)(3\beta + 2\gamma)}{A(\beta + \gamma)} > 0 \quad (2.57)$$

$$\frac{\partial p_1^*}{\partial \delta} = \frac{\partial m_{R_1}^*}{\partial \delta} + \frac{\partial m_{M_1}^*}{\partial \delta} = \frac{(2\beta^2 - 2\beta\gamma + 1)(\delta m_{M_1}^* + 2h\theta^*)}{4\beta h - \delta^2 + 2\gamma h} > 0 \quad (2.58)$$

$$\frac{\partial p_2^*}{\partial \delta} = \frac{\partial m_{R_2}^*}{\partial \delta} + \frac{\partial m_{M_2}^*}{\partial \delta} = \frac{(2\beta\gamma - 2\beta^2 - 1)(\delta m_{M_1}^* + 2h\theta^*)}{4\beta h - \delta^2 + 2\gamma h} < 0 \quad (2.59)$$

同理可证子博弈模型 M_1S 和 M_2S 下的相关结论。

推论 2.3 表明三种不同子博弈模型下，绿色产品销售价格与 h 负相关，与 δ 正相关；传统产品销售价格恰好相反。这是因为，在绿色竞争较弱的环境下（h 增加），价格竞争将加剧，导致绿色产品销售价格增加而传统产品销售价格降低。而在绿色竞争激烈的环境下（δ 增加），绿色偏好的消费者愿意为绿色产品承受更高的销售价格。

推论 2.4 在三种子博弈模型下，绿色制造商的最优利润受 h 和 δ 影响，$\frac{\partial \pi_{M_1}^*}{\partial h} < 0$ 和 $\frac{\partial \pi_{M_1}^*}{\partial \delta} > 0$。

证明 先证明子博弈模型 B。由包络理论可得

$$\frac{\partial \pi_{M_1}^*}{\partial h} = (w_1^* - c_1)\left(-\beta\frac{\partial p_1^*}{\partial h} + \gamma\frac{\partial p_2^*}{\partial h} + \delta\theta^*\right) - h\theta^{*2} \quad (2.60)$$

将式（2.48）、式（2.50）、式（2.56）和式（2.57）代入式（2.60），可得

$$\frac{\partial \pi_{M_1}^*}{\partial h} = \frac{EF\delta h}{(\gamma - 2\beta)^2(4\beta h - \delta^2 + 2\gamma h)^2} \quad (2.61)$$

其中

$$E = \gamma + c_1\delta\gamma^2 + 2\alpha\beta\delta + \alpha\delta\gamma + 12\beta^2 + 2\beta\gamma - 4\gamma^2$$

$$F = \gamma^2 c_1 - 2\beta^2 c_1 + \beta\gamma c_2 + 2\alpha\beta + \alpha\gamma$$

由 $\beta > \gamma > 0$，可得 $E > 0$。

又 $\theta = \frac{(-2\beta^2 c_1 + \beta c_2\gamma + c_1\gamma^2 + 2\alpha\beta + \alpha\gamma)\delta}{8\beta^2 h - 2\beta\delta^2 + \delta^2\gamma - 2\gamma^2 h} > 0$，且 $h > \frac{\delta^2}{4}$，可知 $F > 0$。

因此，$\frac{\partial \pi_{M_1}^*}{\partial h} > 0$。

同理可证子博弈模型 M_1S 和 M_2S 下的相关结论。

推论 2.4 与推论 2.1 和推论 2.2 结论一致，当绿色竞争加剧时（δ 增加），绿色制造商的利润增加；而当绿色竞争减弱时（h 增加），绿色制造商利润受损。

推论 2.5 在三种子博弈模型下，传统制造商的最优利润受 h 和 δ 影响：

（1）当 $\dfrac{\partial D_2^*}{\partial h} > 0$ 时，$\dfrac{\partial \pi_{M_2}^*}{\partial h} > 0$，否则 $\dfrac{\partial \pi_{M_2}^*}{\partial h} < 0$；

（2）当 $\dfrac{\partial D_2^*}{\partial \delta} > 0$ 时，$\dfrac{\partial \pi_{M_2}^*}{\partial \delta} > 0$，否则 $\dfrac{\partial \pi_{M_2}^*}{\partial \delta} < 0$。

（证明过程同推论 2.4，略。）

推论 2.5 表明，只有当传统产品的市场需求量与 h 或 δ 正相关时，传统制造商的利润才会与 h 或 δ 正相关。这说明在绿色市场下传统制造商应投入更多的市场营销努力。

推论 2.6 令 π_{R_1} 代表零售商销售绿色产品所得的利润，π_{R_2} 代表零售商销售传统产品所得的利润，则有

（1）$\dfrac{\partial \pi_{R_1}^*}{\partial \delta} > 0$，$\dfrac{\partial \pi_{R_2}^*}{\partial \delta} < 0$，$\dfrac{\partial \pi_{R_1}^*}{\partial h} < 0$；

（2）子博弈 B，$\dfrac{\partial \pi_{R_2}^*}{\partial h} < 0$；

（3）子博弈模型 M_1S 和 M_2S，$\dfrac{\partial \pi_{R_2}^*}{\partial h} > 0$。

（证明过程同推论 2.4，略。）

推论 2.6 说明，当绿色竞争加剧时，零售商从销售绿色产品中能获得更多的利润，而从销售传统产品中的获利更少；在绿色竞争减弱，且绿色制造商与传统制造商均势的情况下，零售商销售绿色产品与传统产品的利润都将减少；只有当绿色制造商与传统制造商非均势时，零售商才能从销售传统产品中获得更多的利润。

2.4 算例分析

本节通过数值分析方法研究上述模型，根据研究假设并参照文献[118]的参数设定，设定供应链公共参数：$\alpha = 200$，$\beta = 4$，$\gamma = 2$，$c_1 = 20$ 和 $c_2 = 15$。下面围绕消费者低碳偏好系数 δ 和绿色成本系数 h 对三种决策模式下的供应链均衡解的影响进行数值模拟仿真。

1）消费者低碳偏好 δ 的影响

在本小节中，主要分析消费者低碳偏好对供应链均衡策略与利润的

影响，令 $h=4$，$\delta \in [0,4]$。图 2.1 显示了 θ 与 δ 的正相关关系，且在给定参数下对于任意给定的 θ 值，$\theta^{M_2S} > \theta^B > \theta^{M_1S}$ 恒成立。在子博弈模型 M_1S 下，绿色制造商同时具有先发优势与绿色竞争优势，此时绿色制造商改善产品绿色度的意愿最弱；而在子博弈 M_2S 下，绿色制造商具有绿色竞争优势，而处于后发劣势，为了弥补作为追随者的后发劣势，绿色制造商需大幅度地改善产品低碳水平，通过获得更大的绿色竞争优势以实现与后发劣势的对冲。这表明绿色制造商与传统制造商的市场地位竞争有助于改善产品绿色度。

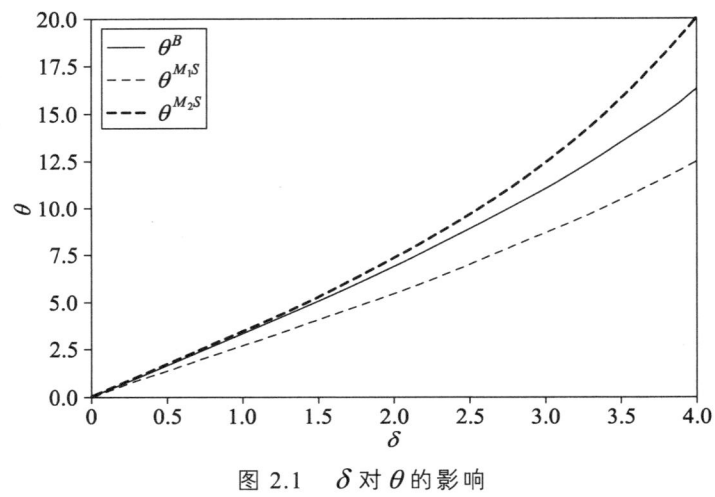

图 2.1　δ 对 θ 的影响

图 2.2~图 2.3 显示了三种子博弈模型中 δ 对供应链成员边际利润的影响。从图 2.2（a）可知，当 δ 增加时，m_{M_1} 增加而 m_{M_2} 减少。子博弈模型 M_1S，M_2S 和 B 中，绿色制造商的边际利润从高到低依次递减。当 δ 值低于一定阈值时，传统制造商在子博弈模型 M_2S 的边际利润最高；反之，则在子博弈模型 M_1S 的边际利润最高。从图 2.2（b）可知，一般情况下，零售商在子博弈模型 B 获得最高的边际利润。三种子博弈模型中，子博弈模型 B 下绿色制造商与传统制造商的边际利润最低，而零售商边际利润最高，这表明制造商与零售商间存在明显的利益冲突。因此，当绿色制造商与传统制造商处于非均势状态时，零售商可以采取一定行动缩小绿色制造商与传统制造商市场权利的差距。另外，零售商可以通过广告等手段提升消费者的环境意识。

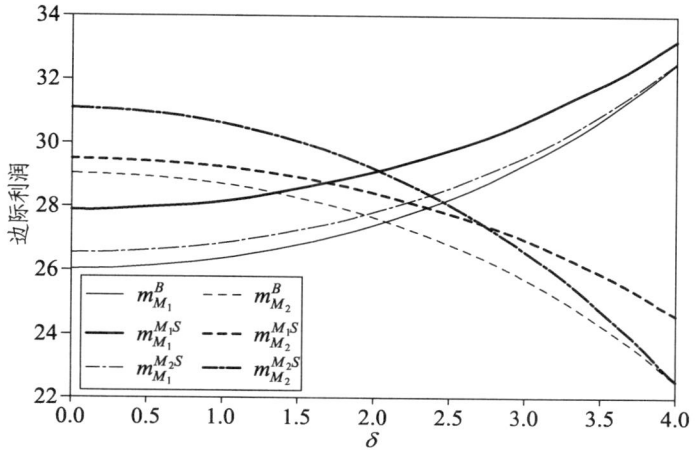

（a）δ 对制造商边际利润 m_{M_i} 的影响

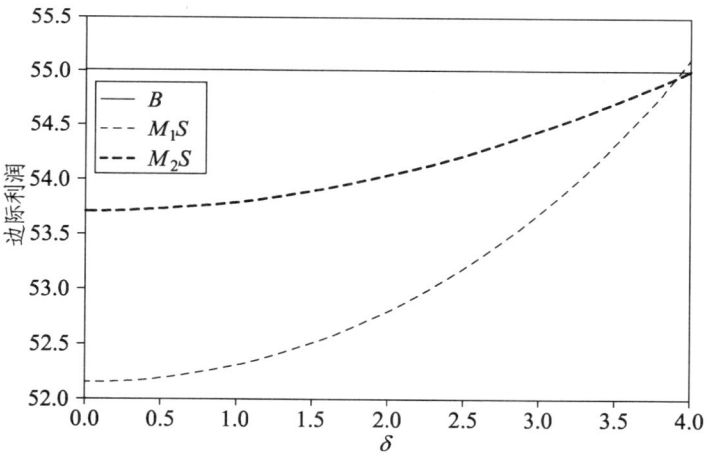

（b）δ 对零售商边际利润 m_R 的影响

图 2.2 δ 对边际利润的影响

图 2.3 显示了绿色产品和传统产品销售价格与 δ 的相关性，即绿色产品的销售价格与 δ 正相关，而传统产品的销售价格与 δ 负相关。对于任意给定的 δ 值，绿色产品的销售价格恒高于传统产品。并且，随着 δ 值的增加，两种产品的销售价格的差距逐渐扩大，这与前文所述的"具有更高环境意识的消费者更愿意为绿色产品支付额外的费用"一致。

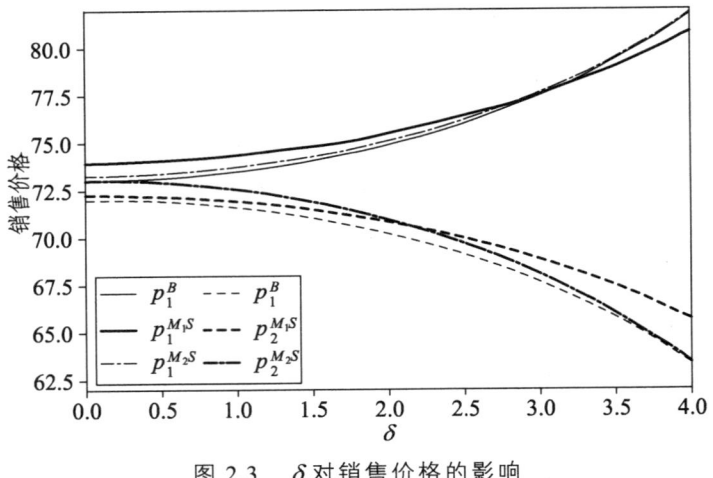

图 2.3 δ 对销售价格的影响

图 2.4 显示了三种子博弈模型中 δ 对供应链成员利润的影响。从图 2.4（a）可知，绿色制造商的利润与 δ 正相关，而传统制造商的利润与 δ 负相关。当 δ 值低于一定阈值时，绿色制造商在子博弈模型 M_2S 中的利润最高；而当 δ 值高于一定阈值时，绿色制造商在子博弈模型 M_1S 中的利润最高。这表明，只有在一定条件下，先发优势与绿色竞争优势同时有效。因此，当消费者的环境意识较低时，绿色制造商的最优策略是成为追随者；而当消费者的环境意识较高时，他的最优策略是成为领导者。

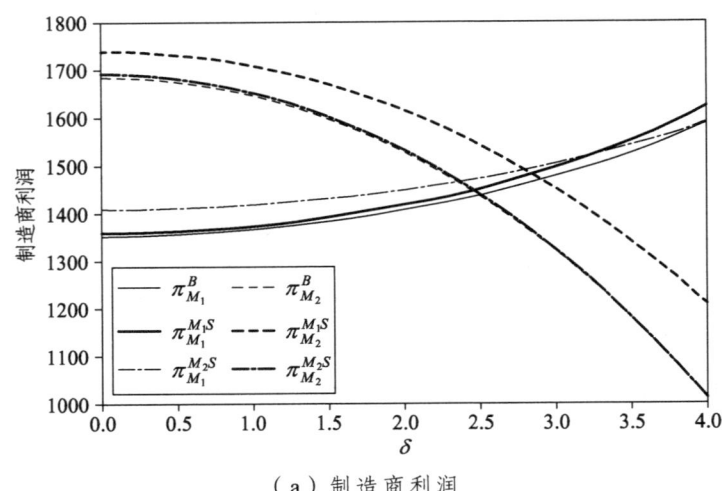

（a）制造商利润

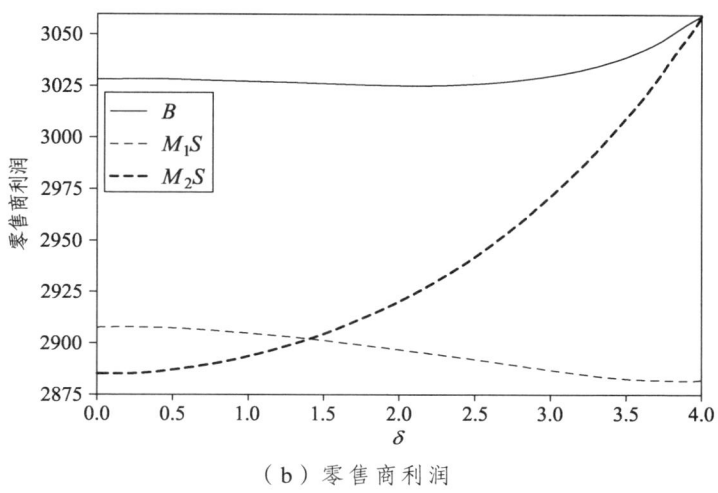

(b)零售商利润

图 2.4 δ 对供应链成员利润的影响

另外,对于任意给定的 δ 值,$\pi_{M_2}^{M_1S} > \pi_{M_2}^{M_2S}$ 恒成立。这说明,当消费者具有环保倾向时,传统制造商的最优策略是成为追随者。从图 2.4(b)可知,零售商在子博弈模型 B 中获得最高利润;当 δ 值较低时,零售商在子博弈模型 M_1S 中的利润次高;而当 δ 值较高时,零售商在子博弈模型 M_2S 中的利润次高。因此,从零售商的视角而言,绿色制造商与传统制造商保持均势是最优的。同时,零售商可以根据消费者环境意识的变化,采取一定措施适当影响绿色制造商与零售商的市场权利结构。

2)绿色成本系数的影响

在本小节中,主要分析绿色生产成本对供应链均衡策略与利润的影响,令 $\delta = 2$,$h \in [1,11]$。图 2.5 显示了产品低碳水平与 h 的负相关关系。绿色生产成本是绿色制造商产品策略的重要影响因素,并且绿色生产成本的增加会显著增加绿色制造商的财务负担。因此,为了支持绿色生产商投入绿色产品创新,政府需制定相应的优惠政策以帮助企业降低生产成本,例如:为投入绿色创新的制造商提供绿色补贴或者税收优惠。

图 2.6 显示了供应链成员边际利润与 h 的相关性。从图 2.6(a)可知,绿色制造商的边际利润与 h 负相关,而传统制造商的边际利润与 h 正相关。三种子博弈模型中,当 h 值超过一定阈值时,绿色制造商的边际利润将低于传统制造商的边际利润。从图 2.6(b)可知,子博弈模型 B 中,

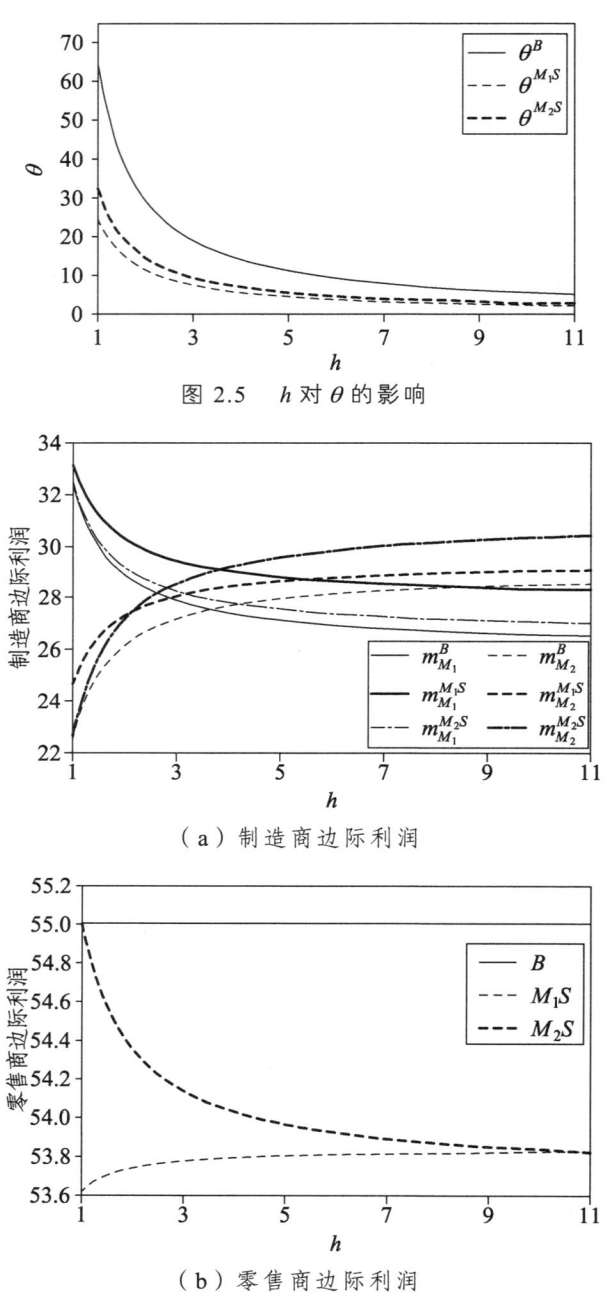

图 2.5 h 对 θ 的影响

（a）制造商边际利润

（b）零售商边际利润

图 2.6 h 对供应链成员边际利润的影响

零售商的边际利润与 h 无关；子博弈模型 M_1S 中，零售商的边际利润与 h 正相关；子博弈模型 M_2S 中，零售商的边际利润与 h 负相关。另外，零售商的边际利润在子博弈模型 B 中最高，在子博弈模型 M_2S 中次高，而在子博弈模型 M_1S 中最低。

图 2.7 显示了产品销售价格与 h 的相关性，即绿色产品的销售价格与 h 负相关，而传统产品的销售价格与 h 正相关。从图 2.7 可知，三种子博弈模型中，绿色产品的销售价格高于传统产品的销售价格，并且两种产品销售价格的差距随着 h 值的增加而减小。这表明，零售商应制定较高的绿色产品销售价格和较低的传统产品销售价格。当 h 值增加时，零售商还应适当调低绿色产品销售价格，而调高传统产品销售价格。

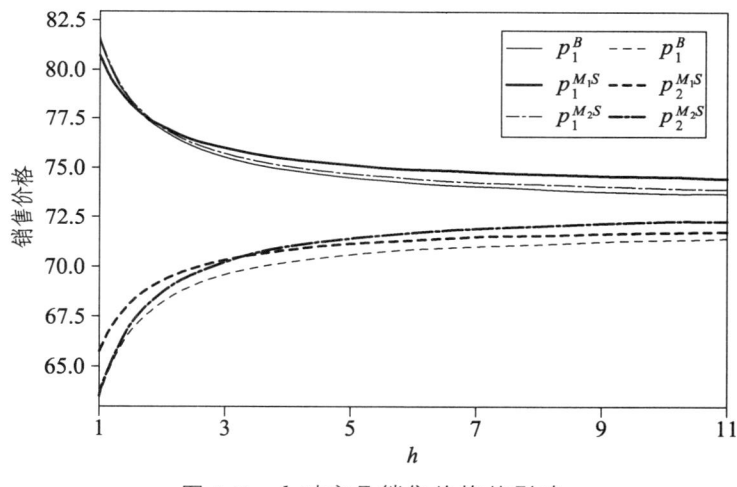

图 2.7　h 对产品销售价格的影响

图 2.8 显示了供应商成员利润与 h 的相关性。从图 2.8（a）可知，绿色制造商的利润与 h 负相关，而传统制造商的利润与 h 正相关。三种子博弈模型中，当 h 值超过一定阈值时，传统制造商的利润将高于绿色制造商。较高的绿色生产成本会抑制绿色制造商投入绿色创新，却会鼓励传统制造商生产传统产品，从而带来较高的外部性。为降低绿色生产成本，绿色生产商可寻求政府政策扶持，也可以通过寻找绿色技术创新。当 h 值超过一定阈值时，$\pi_{M_1}^{M_2S} > \pi_{M_1}^{M_1S}$ 成立。这表明，当绿色生产成本较高时，作为追随者对绿色制造商是有利的；而当绿色生产成本较低时，作为领导者对绿色制造商是有利的。另外，可以发现 $\pi_{M_2}^{M_1S} > \pi_{M_2}^{M_2S}$ 成立。因此，作为追

随者对传统制造商是有利的。从图 2.8（b）可知，子博弈模型 M_1S 中，零售商利润与 h 正相关；而在子博弈模型 M_2S 中，零售商利润与 h 负相关。

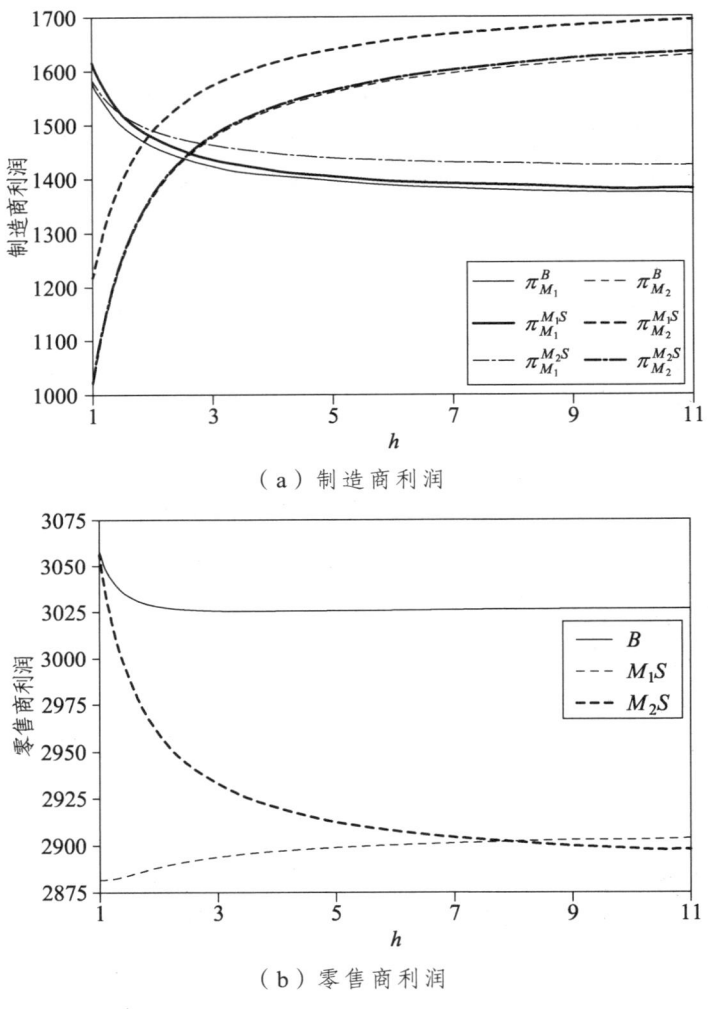

（a）制造商利润

（b）零售商利润

图 2.8 h 对供应链成员利润的影响

2.5 本章小结

本章综合考虑了消费者产品低碳偏好对绿色产品市场需求的影响，以及双寡头制造商市场权利地位对制造商生产营运策略的影响，分别研究了绿色制造商与传统制造商市场地位均势、绿色制造商领先以及传统制造商领先等三种博弈模式,通过双寡头低碳供应链建模分析,得出了三种博弈模式下制造商的均衡策略,并借助数值模拟仿真,进一步研究了产品价格竞争与低碳竞争对绿色供应链运营策略与供应链利润的影响。本章的主要结论如下:

(1)随着消费者绿色偏好增强,三种子博弈模型中,绿色产品的低碳水平增加,绿色制造商的边际利润与总利润将增加;传统制造商的边际利润与总利润将下降。而零售商的总利润在子博弈模型 B 与 M_2S 中都将增加,在子博弈模型 M_1S 中将下降。

(2)随着绿色生产成本增加,三种子博弈模型中,绿色产品的低碳水平、绿色制造商的边际利润与总利润都将下降;传统制造商的边际利润与总利润都将增加。而零售商的总利润在子博弈模型 B 与 M_2S 中将下降,在子博弈模型 M_1S 中将增加。

(3)零售商在子博弈模型 B 中的利润最高,此时,零售商的总利润与消费者绿色偏好正相关,而与绿色生产成本负相关。当消费者产品低碳偏好超过一定阈值时,子博弈模型 M_2S 中零售商的总利润优于子博弈模型 M_1S;而当绿色生产成本超过一定阈值时,子博弈模型 M_1S 中零售商的总利润优于子博弈模型 M_2S。

(4)双寡头绿色供应链中,绿色竞争优势的效用优于先发优势,并且先发优势不一定总是有效。特别地,当传统制造商作为追随者时,传统制造商的利润最高,成为追随者对传统制造商总是有利的;绿色制造商成为领导者不一定是有利的,只有当消费者低碳偏好高于阈值或绿色生产成本低于阈值,绿色制造商作为领导者时利润才最高。

3

考虑消费者渠道低碳偏好的供应链决策研究

本章针对电商环境下制造商的双渠道供应链运作问题，以销售渠道碳足迹特征为切入点研究了考虑消费者渠道低碳偏好的双渠道低碳供应链运作策略。基于第 2 章的低碳背景，进一步研究了电商环境下考虑消费者渠道低碳偏好的双渠道低碳供应链的销售渠道策略问题。针对电商环境下线下零售渠道与线上直销渠道共存的双渠道低碳供应链，考虑了线上与线下渠道的碳排放差异，假设消费者具有渠道环境可持续水平偏好，通过对双渠道低碳供应链进行建模分析，运用博弈论方法，研究了线上与线下渠道环境可持续水平对双渠道低碳供应链均衡策略的影响，并借助数值仿真方法，进一步分析了相关均衡结果。

3.1 引　言

近年来,电子商务快速崛起并迅速繁荣,使双渠道结构供应链越老越多地为计算机、化妆品、食品、运动器械、电子零部件等行业所应用与推广。双渠道供应链包含线上直销渠道与线下零售渠道,不少学者深入研究了双渠道供应链的各种结构形式[135-136]。一方面,电子商务所带来的便利性使得双渠道供应链不仅为消费者提供更多的购买渠道,也帮助制造商吸引各类消费群体。另一方面,消费者环保意识会影响消费者对电子商务的态度,进一步会影响消费者的购买决策,即究竟是网购还是实体店购物。研究表明,2010 年 17%的美国消费者与 23%的欧洲消费者愿意为环境友好型产品支付更多的金钱[137]。欧盟委员会的报告显示,2014 年愿意为环境友好型产品支付更多金钱的消费者比例已攀升至 75%[42],愿意为环保产品支付更多金钱的消费者的数量与消费者的环保意识成正比。具体到双渠道供应链,环境友好度更高的销售渠道越能吸引环境敏感型消费者。因此,环境可持续性也应作为构建双渠道供应链的重要参考指标,特别是在当今社会尤为关注环境可持续问题的环境下。

众多学者研究了线上销售渠道的环境效益。Siikavirta 等以食品生产和消费体系为对象研究了线上零售商业模式对减少温室气体排放的直接与间接潜能[138]。Brown 和 Guiffrida 比较分析了传统购物与线上零售的碳排放,发现在一定条件下线上零售能减少更多的 CO_2 排放[139]。van Loon 等指出,特定条件下线上零售能有效降低购物的环境影响[54]。上述研究指出了线上零售渠道在减排方面的优越性。部分学者研究了线上零售渠道在节约成本方面的优势。Matthews 等比较分析了美国线上与线下图书零售的环境效益,指出相较于传统零售,线上零售具有成本优势与环境效益[140]。类似地,Edwards 等从"最后一公里"视角比较研究了送货上门与传统购物的碳排放差异,也指出电子商务销售具有成本优势与环境效益[52]。环境友好性是线上零售渠道的重要特征之一,由此也会影响双渠道供应链成员的运营决策。

有研究表明从事线上零售的企业能从可持续实践中受益。线上零售商能受益于对网络购物具有优越的环保特性的宣传[53]。Liu 等发现当消费者环保意识增加的时候,推行卓越的可持续运营管理对制造商与零售商是有利的[117]。当消费者意识到线上与线下销售渠道的环境可持续性存在差异时，他们在做出购买决策时会将这种差异作为一个重要的衡量指标。因此，在双渠道供应链中，制造商与零售商都被激励着投入可持续运营管理，包括改善销售渠道的环境可持续水平。

许多学者从可持续的视角深入研究了双渠道供应链。在可持续供应链管理范畴中，可持续集成了环境、社会与经济三重底线，并以促进企业获得长期的经济效益为目标[32]。Li 等研究了制造商生产绿色产品的双渠道供应链[118]。Modak 等将企业社会责任引入双渠道供应链研究[141]。他们的研究主要关注于绿色产品或企业社会责任。部分学者研究了闭环双渠道供应链，主要关注于废旧产品回收。Liu 等针对采用双渠道结构的废旧电子电器设备逆向供应链建立了基于质量的价格竞争模型[142]。Shu 等研究了消费者偏好不确定下的再制造策略[143]。此外，Hong[144]，Huang[145]，Zhang[146]等学者从不同视角研究了环境与社会责任促使制造商进行再制造的双渠道闭环供应链。然而，少有文献关注于销售渠道的环境可持续性对双渠道供应链的影响。特别地，销售渠道的环境可持续性差异已被广泛验证，并且这种差异被视为影响供应链绩效的重要因素。Carrillo 等分析了消费者环境敏感性对双渠道供应链运作机制的影响[147]。然而，Carrillo 等忽视了销售渠道环境可持续性的影响。为了分析销售渠道环境可持续性对供应链绩效的影响，本章将销售渠道环境可持续性嵌入到双渠道供应链中。

现有文献广泛研究了双渠道供应链中制造商与零售商的定价问题。Chiang 等发现了双渠道供应链存在渠道冲突，并指出合理的定价策略能有效减弱双重边际效应[148]。Ding 等针对不同运营策略，通过建立制造商领导的 Stackelberg 模型分析了双渠道供应链的定价策略[149]。Li 等研究了一致定价与非一致定价模式下绿色双渠道供应链的定价问题[118]。学者们研究了集中与分散模式下双渠道供应链的定价问题，通过对比分析两种模式的均衡策略得到了许多管理见解。相较于 Li 等，本章研究了集中与分散模式下考虑渠道环境可持续性的双渠道供应链定价问题，分析了渠道环境可持续性与定价策略间的相关性，并通过比较分析集中与分散模式下的均衡策略，进一步地研究了渠道环境可持续性对双渠道供应链绩效的影响。

3.2 模型描述、符号与假设

3.2.1 模型描述

在由制造商（M）和零售商（R）组成的双渠道供应链中，针对线上与线下渠道的碳排放差异，引入渠道可持续水平的概念用以表征渠道碳足迹，考虑消费者低碳和渠道双重偏好，构建了绿色双渠道供应链决策模型，研究了集中式决策与分散式决策模式下双渠道供应链的均衡策略问题。两种模式下的博弈顺序如下：

（1）集中式决策：制造商与零售商集成为一个整体，以整体利益最优决定线上与线下渠道的产品销售价格和渠道环境可持续水平。

（2）分散式决策：制造商与零售商进行以制造商为领导者的 Stackelberg 博弈，制造商作为领导者先决定产品批发价格、线上渠道的产品销售价格与渠道环境可持续水平，零售商作为追随者，将根据制造商的均衡策略制定线下渠道的产品销售价格与环境可持续水平。

3.2.2 模型符号说明

本章用到的符号说明如下：

1）决策变量

p_r，p_d：零售渠道与线上渠道的销售价格；

θ_r，θ_d：零售渠道与线上渠道的环境可持续水平；

w：产品批发价格。

2）供应链参数

α：产品的潜在市场需求量；

ρ：消费者对零售渠道的忠诚度，$0<\rho<1$；

β：消费者价格敏感系数；

λ：消费者交叉价格敏感系数，$\beta>\lambda>0$；

δ：消费者渠道环境可持续性敏感系数；

μ：消费者交叉渠道环境可持续性敏感系数；

η_r，η_d：零售渠道与线上渠道环境可持续水平成本系数；

c：单位产品生产成本；

D_r，D_d：零售渠道与线上渠道的需求量；

π_r, π_m, π_s：零售商、制造商与供应链利润；

上标 C, D：集中式与分散式决策模式下的供应链均衡。

3.2.3 模型假设

为方便讨论，本章做出如下假设：

假设 1 制造商与零售商之间是完全信息博弈。

假设 2 针对线上与线下渠道存在的碳排放差异[52]，本章将前文中销售渠道的碳足迹定义为渠道环境可持续性，令 θ_r 和 θ_d 分别代表线下零售渠道与线上直销渠道的环境可持续水平。

假设 3 文献[150][151]中认为，差异化价格策略能有效减弱双渠道供应链中的渠道冲突，即产品在线上渠道与线下渠道的销售价格不一致。因此，为减弱渠道冲突，本章假设 $p_r \neq p_d$。

假设 4 借鉴文献[118]的处理方法，假设低碳市场中消费者对价格与低碳属性双重敏感，消费者的购买决策同时受到消费者对销售渠道的忠诚度、销售渠道的环境可持续性与产品价格的影响。参考文献[70]的线性需求模型，假设各销售渠道的市场需求量和消费者与各销售渠道的忠诚度、各销售渠道的环境可持续性以及各销售渠道的销售价格线性相关。因此，线上与线下渠道的需求函数如下：

$$D_r = \rho\alpha - \beta p_r + \lambda p_d + \delta\theta_r - \mu\theta_d \quad (3.1)$$

$$D_d = \alpha(1-\rho) - \beta p_d + \lambda p_r + \delta\theta_d - \mu\theta_r \quad (3.2)$$

为了简化模型，假设渠道环境可持续水平对产品需求的影响与产品价格一致，即 $\beta = \delta = 1$。进一步地，假设消费者更容易观察到线上与线下渠道间产品的价格差异，而不是渠道环境可持续水平的差异，即 $0 < \mu < \lambda < 1$。

假设 5 制造商与零售商为了保持线上渠道与线下渠道的环境可持续性，需投入一定的费用。当渠道环境可持续性处于较低水平时，所需投入的成本较少，而随着渠道环境可持续性的增长，所需投入的成本剧增。针对这种成本结构，一般采用二次成本函数，如绿色度[128]、质量[142]、服务水平[146]、广告投入[66]等。进一步地，为了简化模型，本章假设线上渠道与线下渠道的环境可持续性成本系数一致，即 $\eta_d = \eta_r = \eta$。因此，线上与线下渠道环境可持续性成本函数如下：

$$c_d(\theta_d) = \frac{\eta \theta_d^2}{2} \quad (3.3)$$

$$c_r(\theta_r) = \frac{\eta \theta_r^2}{2} \quad (3.4)$$

假设 6 假设制造商的生产成本为 0，即 $c=0$。

综上所述，制造商、零售商与供应链系统的利润函数如下：

$$\pi_r = (p_r - w)D_r - c_r(\theta_r) \quad (3.5)$$

$$\pi_m = wD_r + p_d D_d - c_d(\theta_d) \quad (3.6)$$

$$\pi_s = \pi_m + \pi_r \quad (3.7)$$

3.3 模型构建与分析

3.3.1 集中式决策

在集中式双渠道供应链中，制造商与零售商纵向集成为一个整体，以供应链系统利润最大化为目标，决定线上与线下渠道的最优产品销售价格和渠道环境可持续性水平。集中式双渠道供应链系统的利润函数如下：

$$\max_{(p_r, p_d, \theta_r, \theta_d)} \pi_s^C = p_r D_r + p_d D_d - c(\theta_r) - c(\theta_d) \quad (3.8)$$

对式（3.8）分别求关于 p_r, p_d, θ_r 和 θ_d 的二阶偏导数，得 Hessian 矩阵：

$$H_s = \begin{pmatrix} \frac{\partial^2 \pi_s}{\partial p_r^2} & \frac{\partial^2 \pi_s}{\partial p_r \partial p_d} & \frac{\partial^2 \pi_s}{\partial p_r \partial \theta_r} & \frac{\partial^2 \pi_s}{\partial p_r \partial \theta_d} \\ \frac{\partial^2 \pi_s}{\partial p_d \partial p_r} & \frac{\partial^2 \pi_s}{\partial p_d^2} & \frac{\partial^2 \pi_s}{\partial p_d \partial \theta_r} & \frac{\partial^2 \pi_s}{\partial p_d \partial \theta_d} \\ \frac{\partial^2 \pi_s}{\partial \theta_r \partial p_r} & \frac{\partial^2 \pi_s}{\partial \theta_r \partial p_d} & \frac{\partial^2 \pi_s}{\partial \theta_r^2} & \frac{\partial^2 \pi_s}{\partial \theta_r \partial \theta_d} \\ \frac{\partial^2 \pi_s}{\partial \theta_d \partial p_r} & \frac{\partial^2 \pi_s}{\partial \theta_d \partial p_d} & \frac{\partial^2 \pi_s}{\partial \theta_d \partial \theta_r} & \frac{\partial^2 \pi_s}{\partial \theta_d^2} \end{pmatrix} = \begin{pmatrix} -2 & 2\lambda & 1 & -\mu \\ 2\lambda & -2 & -\mu & 1 \\ 1 & -\mu & -\eta & 0 \\ -\mu & 1 & 0 & -\eta \end{pmatrix}$$

$$(3.9)$$

由 $\boldsymbol{H}_s$ 可得主子式：

$$D_1 = -(-2) = 2 > 0$$

$$D_2 = \begin{vmatrix} \dfrac{\partial^2 \pi_s}{\partial p_r^2} & \dfrac{\partial^2 \pi_s}{\partial p_r \partial p_d} \\ \dfrac{\partial^2 \pi_s}{\partial p_d \partial p_r} & \dfrac{\partial^2 \pi_s}{\partial p_d^2} \end{vmatrix} = \begin{vmatrix} -2 & 2\lambda \\ 2\lambda & -2 \end{vmatrix} = 4(1-\lambda^2) > 0$$

$$D_3 = (-1)^3 \begin{vmatrix} \dfrac{\partial^2 \pi_s}{\partial p_r^2} & \dfrac{\partial^2 \pi_s}{\partial p_r \partial p_d} & \dfrac{\partial^2 \pi_s}{\partial p_r \partial \theta_r} \\ \dfrac{\partial^2 \pi_s}{\partial p_d \partial p_r} & \dfrac{\partial^2 \pi_s}{\partial p_d^2} & \dfrac{\partial^2 \pi_s}{\partial p_d \partial \theta_r} \\ \dfrac{\partial^2 \pi_s}{\partial \theta_r \partial p_r} & \dfrac{\partial^2 \pi_s}{\partial \theta_r \partial p_d} & \dfrac{\partial^2 \pi_s}{\partial \theta_r^2} \end{vmatrix} = 4\eta\beta^2 - 2\beta\delta^2$$

其中，D_3 正负性难以判断，因此 π_s^C 不是 p_r，p_d 和 θ_r 的联合凸函数。由 $\boldsymbol{H}_s$ 可得

$$\boldsymbol{H}_1 = \begin{pmatrix} \dfrac{\partial \pi_s^2}{\partial p_r^2} & \dfrac{\partial \pi_s^2}{\partial p_r \partial p_d} \\ \dfrac{\partial \pi_s^2}{\partial p_d \partial p_r} & \dfrac{\partial \pi_s^2}{\partial p_d^2} \end{pmatrix} = \begin{pmatrix} -2 & 2\lambda \\ 2\lambda & -2 \end{pmatrix} \qquad (3.10)$$

$$\boldsymbol{H}_2 = \begin{pmatrix} \dfrac{\partial \pi_s^2}{\partial \theta_r^2} & \dfrac{\partial \pi_s^2}{\partial \theta_r \partial \theta_d} \\ \dfrac{\partial \pi_s^2}{\partial \theta_d \partial \theta_r} & \dfrac{\partial \pi_s^2}{\partial \theta_d^2} \end{pmatrix} = \begin{pmatrix} -\eta & 0 \\ 0 & -\eta \end{pmatrix} \qquad (3.11)$$

易知，$\boldsymbol{H}_1$ 和 $\boldsymbol{H}_2$ 负定，此时 π_s^C 分别是 p_r 和 p_d，θ_r 和 θ_r 的严格联合凸函数。由式（3.8）分别求关于 p_r^C 和 p_d^C 的一阶偏导数，并令其为 0，联合求解可得

$$p_d^C(\theta_r^C, \theta_d^C) = \dfrac{(\lambda-\mu)\theta_r^C + (1-\lambda\mu)\theta_d^C + \alpha(1-\rho) + \lambda\rho\alpha}{2(1-\lambda^2)} \qquad (3.12)$$

$$p_r^C(\theta_r^C, \theta_d^C) = \dfrac{(1-\lambda\mu)\theta_r^C + (\lambda-\mu)\theta_d^C + \rho\alpha + \lambda\alpha(1-\rho)}{2(1-\lambda^2)} \qquad (3.13)$$

将式（3.12）~式（3.13）代入式（3.8），对 θ_r^C 和 θ_d^C 求一阶偏导数，并令其为 0，联合求解可得

$$\theta_r^C = \frac{\alpha\{2\eta[(\rho-1)(\lambda\mu-1)+\rho(\lambda-\mu)]-(1-\mu^2)(1-\rho+\rho\mu)\}}{[(1+\mu)^2-2\eta(\lambda+1)][(1-\mu)^2+2\eta(\lambda-1)]} \quad (3.14)$$

$$\theta_d^C = \frac{\alpha\{2\eta[\rho(\lambda-1)(\mu+1)+\mu-\lambda]+(1-\mu^2)(\mu+\rho-\rho\mu)\}}{[2\eta(\lambda+1)-(1+\mu)^2][(1-\mu)^2+2\eta(\lambda-1)]} \quad (3.15)$$

将式（3.14）~式（3.15）代入式（3.12）~式（3.13）中，可得集中式决策下最优线下零售价格 p_r^C 和最优线上零售价格 p_d^C。再将上述均衡策略代入式（3.8），可得集中式决策下供应链系统的最优利润：

$$\pi_s^C = \frac{\eta\alpha^2\{2[2(1-\lambda)\rho^2-2(1-\lambda)\rho+1]\eta-2(\mu-1)^2\rho^2+2(\mu-1)^2\rho-\mu^2-1\}}{2[2(\lambda-1)\eta+(\mu-1)^2][(\mu+1)^2-2(\lambda+1)\eta]}$$

$$(3.16)$$

推论 3.1 集中式决策下，产品销售价格与渠道环境可持续水平具有如下关系：

（1） $\dfrac{\partial p_d^C}{\partial \theta_d^C} = \dfrac{\partial p_r^C}{\partial \theta_r^C} > 0$；

（2） $\dfrac{\partial p_d^C}{\partial \theta_r^C} = \dfrac{\partial p_r^C}{\partial \theta_d^C} > 0$；

（3） $\dfrac{\partial p_r^C}{\partial \theta_r^C} - \dfrac{\partial p_r^C}{\partial \theta_d^C} = \dfrac{\partial p_d^C}{\partial \theta_d^C} - \dfrac{\partial p_d^C}{\partial \theta_r^C} > 0$。

证明

（1） $\dfrac{\partial p_r^C(\theta_r^C,\theta_d^C)}{\partial \theta_r^C} = \dfrac{\partial p_d^C(\theta_r^C,\theta_d^C)}{\partial \theta_d^C} = \dfrac{1-\lambda\mu}{2(1-\lambda^2)} > 0$；

（2） $\dfrac{\partial p_r^C(\theta_r^C,\theta_d^C)}{\partial \theta_d^C} = \dfrac{\partial p_d^C(\theta_r^C,\theta_d^C)}{\partial \theta_r^C} = \dfrac{\lambda-\mu}{2(1-\lambda^2)} > 0$；

（3） $\dfrac{\partial p_r^C(\theta_r^C,\theta_d^C)}{\partial \theta_r^C} - \dfrac{\partial p_r^C(\theta_r^C,\theta_d^C)}{\partial \theta_d^C} = \dfrac{\partial p_d^C(\theta_r^C,\theta_d^C)}{\partial \theta_d^C} - \dfrac{\partial p_d^C(\theta_r^C,\theta_d^C)}{\partial \theta_r^C} = \dfrac{1+\mu}{2(1+\lambda)} > 0$。

推论 3.1（1）表明，线下零售渠道（线上渠道）的环境可持续水平

提高时，产品的线下零售价格（线上销售价格）会增加，并且这两种增幅一致。这表明，对线上渠道和线下零售渠道而言，销售渠道的环境可持续水平对产品销售价格的影响是一致的，与渠道种类无关。推论 3.1（2）表明，线下零售渠道（线上渠道）的环境可持续水平提高时，产品的线上销售价格（线下零售价格）会增加，同样地，这两种增幅一致。这表明，其他销售渠道的环境可持续水平对本渠道的产品销售价格的交叉影响是一致的，与渠道种类无关。推论 3.1（3）表明，销售渠道的环境可持续水平对产品销售价格的影响高于其他销售渠道的环境可持续水平对本渠道的产品销售价格的交叉影响。

3.3.2 分散式决策

在分散式双渠道供应链中，制造商与零售商以自身利益最大化为目标各自决策。本节采用制造商作为 Stackelberg 领导者的博弈模型，决策顺序如下：制造商作为领导者，先决定产品批发价格 w、线上渠道的销售价格 p_d 以及线上渠道环境可持续性水平 θ_d；零售商作为追随者，根据制造商的决策信息制定线下零售渠道的产品销售价格 p_r 以及线下渠道环境可持续性水平 θ_r。此时，零售商与制造商的决策目标为

$$\max_{(w,p_d,\theta_d)} \pi_m(w,p_d,\theta_d,p_r^*(w,p_d,\theta_d),\theta_r^*(w,p_d,\theta_d)) \quad (3.17)$$

p_r^* 和 θ_r^* 可由下式求得

$$\max_{(p_r,\theta_r)} \pi_r(p_r,\theta_r) \quad (3.18)$$

对式（3.18）分别求 p_r 和 θ_r 的二阶偏导，可得 Hessian 矩阵：

$$\boldsymbol{H}_{\pi_r} = \begin{pmatrix} \dfrac{\partial^2 \pi_r}{\partial p_r^2} & \dfrac{\partial^2 \pi_r}{\partial p_r \partial \theta_r} \\ \dfrac{\partial^2 \pi_r}{\partial \theta_r \partial p_r} & \dfrac{\partial^2 \pi_r}{\partial \theta_r^2} \end{pmatrix} = \begin{pmatrix} -2 & 1 \\ 1 & -2 \end{pmatrix} \quad (3.19)$$

显然，$\boldsymbol{H}_{\pi_r}$ 负定，因此 π_r^D 是 p_r 和 θ_r 的严格联合凸函数。对式（3.18）分别求 p_r 和 θ_r 的一阶偏导，并令其为 0，联合求解可得

$$p_r^D(p_d^D, w^D, \theta_d^D) = \frac{\eta\rho\alpha + \eta\lambda p_d^D - \eta\mu\theta_d^D + (\eta-1)w^D}{2\eta-1} \quad (3.20)$$

$$\theta_r^D(p_d^D, w^D, \theta_d^D) = \frac{\rho\alpha + \lambda p_d^D - \mu\theta_d^D - w^D}{2\eta-1} \quad (3.21)$$

将式（3.20）~式（3.21）代入式（3.17），求 w, p_d 和 θ_d 的二阶偏导，可得 Hessian 矩阵：

$$\boldsymbol{H}_{\pi_m} = \begin{pmatrix} \dfrac{\partial^2 \pi_m}{\partial p_d^2} & \dfrac{\partial^2 \pi_r}{\partial p_d \partial w} & \dfrac{\partial^2 \pi_r}{\partial p_d \partial \theta_d} \\ \dfrac{\partial^2 \pi_r}{\partial w \partial p_d} & \dfrac{\partial^2 \pi_m}{\partial w^2} & \dfrac{\partial^2 \pi_r}{\partial w \partial \theta_d} \\ \dfrac{\partial^2 \pi_r}{\partial \theta_d \partial p_d} & \dfrac{\partial^2 \pi_r}{\partial \theta_d \partial w} & \dfrac{\partial^2 \pi_m}{\partial \theta_d^2} \end{pmatrix}$$

$$= \begin{pmatrix} \dfrac{2\eta\lambda^2 - 2\mu\lambda - 4\eta + 2}{2\eta-1} & \dfrac{\lambda(2\eta-1) + \mu}{2\eta-1} & \dfrac{-\lambda\eta\mu + \mu^2 + 2\eta - 1}{2\eta-1} \\ \dfrac{\lambda(2\eta-1) + \mu}{2\eta-1} & \dfrac{-2\eta}{2\eta-1} & -\dfrac{\eta\mu}{2\eta-1} \\ \dfrac{-\lambda\eta\mu + \mu^2 + 2\eta - 1}{2\eta-1} & -\dfrac{\eta\mu}{2\eta-1} & -\eta \end{pmatrix}$$

$$(3.22)$$

易知，无法判定 $\boldsymbol{H}_{\pi_m}$ 的正负性，则 π_m 不是 w, p_d 和 θ_d 的严格联合凸函数。

又

$$\boldsymbol{H}_3 = \begin{pmatrix} \dfrac{\partial^2 \pi_m}{\partial w^2} & \dfrac{\partial^2 \pi_r}{\partial w \partial \theta_d} \\ \dfrac{\partial^2 \pi_r}{\partial \theta_d \partial w} & \dfrac{\partial^2 \pi_m}{\partial \theta_d^2} \end{pmatrix} = \begin{pmatrix} \dfrac{-2\eta}{2\eta-1} & -\dfrac{\eta\mu}{2\eta-1} \\ -\dfrac{\eta\mu}{2\eta-1} & -\eta \end{pmatrix}$$

当 $\eta > \dfrac{2+\mu^2}{4}$ 时，$\boldsymbol{H}_3$ 负定。此时，π_m 是 w 和 θ_d 的严格联合凸函数。

对式（3.17）分别求 w 和 θ_d 的一阶导数，并令其为 0，联合求解可得

$$w^D(p_d^D) = \frac{p_d(\mu^3 - \lambda) - 2(\alpha\rho + 2\lambda p_d)\eta^2 + [\alpha\rho + (4-\mu^2)\lambda p_d]\eta}{\eta(\mu^2 - 4\eta + 2)}$$

$$(3.23)$$

$$\theta_d^D(p_d^D) = \frac{(4\eta\lambda\mu - \lambda\mu - \mu^2 - 4\eta + 2)p_d + \alpha\eta\mu\rho}{\eta(\mu^2 - 4\eta + 2)} \quad (3.24)$$

将式（3.23）和式（3.24）代入式（3.17），求 p_d 的一阶导数，并令其为 0，可求得

$$p_d^D = \frac{\eta\alpha[4\eta(\lambda\rho - \rho + 1) - \lambda\rho + (\rho - 1)\mu^2 - 2\mu\rho + 2\rho - 2]}{8(1-\lambda^2)\eta^2 + 2[4\lambda\mu - (\mu^2 - 2)\lambda^2 - \mu^2 - 4]\eta + 2\lambda\mu^3 - 3\mu^2 - \lambda^2 + 2}$$
$$(3.25)$$

将式（3.25）代入式（3.23）和式（3.24），可得分散式决策下最优批发价格和最优线上渠道环境可持续水平；再将上述制造商均衡策略代入式（3.20）和式（3.21），可得零售商的最优线下零售价格和最优线下零售渠道环境可持续水平；进一步地，将制造商与零售商的均衡策略代入式（3.17）和式（3.18），可得分散式决策下制造商和零售商的最优利润：

$$\pi_m^D = \frac{\eta\alpha\{(\mu-1)(\mu+2\lambda-3)\rho^2 - 2[2+(\lambda^2-4\lambda+3)\rho^2 +}{16(\lambda^2-1)\eta^2 + 4((\mu^2-2)\lambda^2 - 4\lambda\mu + \mu^2 + 4)\eta - 4\lambda\mu^3 + 6\mu^2 + 2\lambda^2 - 4} \rightarrow$$

$$\leftarrow \frac{4(\lambda-1)\rho]\eta^2 - 2(\mu^2 - \lambda - 2\mu - 4) + 2\rho + \mu^2 + 2\}^2}{16(\lambda^2-1)\eta^2 + 4((\mu^2-2)\lambda^2 - 4\lambda\mu + \mu^2 + 4)\eta - 4\lambda\mu^3 + 6\mu^2 + 2\lambda^2 - 4}$$
$$(3.26)$$

$$\pi_r^D = \frac{\eta\alpha^2(2\eta-1)[(2\eta\rho-\rho)\lambda^2 + (\mu^2+1)(\rho-1)\lambda - 2\eta\rho + (-2\mu+1)\rho + 2\mu]^2}{4[(4\eta - 2\eta\mu^2 - 8\eta^2 - 1)\lambda^2 + 2\mu(\mu^2+4)\lambda - 2\eta\mu^2 - 3\mu^2 + 8\eta^2 - 8\eta + 2]^2}$$
$$(3.27)$$

推论 3.2 分散式决策下，产品销售价格与交叉渠道的环境可持续水平有如下关系：

（1）$\dfrac{\partial p_r^D}{\partial \theta_d^D} < 0$；

（2）$\dfrac{\partial p_d^D}{\partial \theta_r^D} > 0$。

证明 由式（3.20）和式（3.21）可得

（1） $\dfrac{\partial p_r^D}{\partial \theta_d^D} = \dfrac{-\eta\mu}{2\eta-1} < 0$；

（2） $\dfrac{\partial p_d^D}{\partial \theta_r^D} = \dfrac{2\eta-1}{\lambda} > 0$。

由推论 3.2 可知，当线上渠道的环境可持续水平提高时，线下渠道的产品零售价格会随之降低；而当线下零售渠道的环境可持续水平提高时，线上渠道的产品销售价格会随之增加。这表明线上渠道能受益于零售渠道环境可持续水平的改善，而线上渠道环境可持续水平的改善有损于零售渠道的利益，制造商存在"搭便车"行为。

3.4 算例分析

由于上述模型构建较为复杂，本节通过数值分析方法研究上述模型，根据研究假设并参照文献[118]的参数设定，选取如下公共参数进行数值分析：$\alpha = 200$，$\lambda = 0.8$ 和 $\eta = 5$。下面围绕渠道环境可持续水平交叉影响系数 μ 和消费者渠道忠诚度 ρ，对集中式和分散式双渠道供应链均衡解的影响进行数值模拟仿真。

1）渠道环境可持续水平交叉影响系数 μ 灵敏性分析

在本小节中，主要分析渠道环境可持续水平交叉影响系数 μ 对集中式和分散式双渠道供应链的均衡策略与利润的影响，令 $\rho = 0.4$，$\mu \in [0, 0.8]$。由图 3.1~图 3.3 可知，集中式双渠道供应链中，随着 μ 值的增加，零售渠道与线上渠道的最优渠道环境可持续水平、最优线下零售价格和最优线上销售价格等都将下降。由图 3.1 可知，集中式模型下的线下渠道环境可持续水平优于分散式模型；当 μ 值较低时，集中式模型下的线上渠道环境可持续水平优于分散式模型，而当 μ 值较高时，分散式模型下的线上渠道环境可持续水平优于集中式模型。分散式模型中，随着 μ 值的增加，即消费者对线上与线下渠道间环境可持续水平的差异的感知愈发敏感，较低的线上渠道环境可持续水平便可保持较高的竞争优势。因此，线上与线下渠道环境可持续水平差异逐渐减少。以利润为导向的零售商投资改善零售渠道环境可持续水平的意愿较为薄弱；而一定情况下，作为领导者的制造商会通过改善线上渠道环境可持续水平以保持对零售渠道的竞争优势。

由图 3.2 可知,随着 μ 值增加,集中式模型下的线下零售价格与线上销售价格差异递增;而分散式模型下的线下零售价格与线下销售价格差异递减。这表明,分散式模型下,消费者对线上与线下渠道环境可持续水平的感知差异间接地缩小了线上与线下渠道的销售价格,"双重边际效应"减弱。从图 3.3 可直观地看出,随着 μ 值的增加,集中式与分散式模型下的双渠道供应链总利润的差距逐渐缩小,"双重边际效应"减弱。

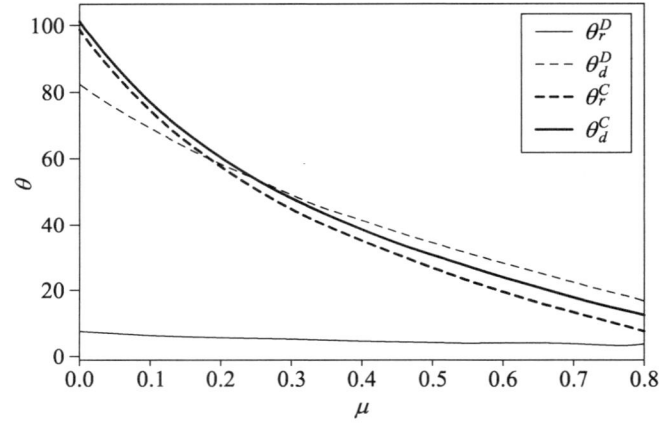

图 3.1 μ 对渠道环境可持续水平的影响

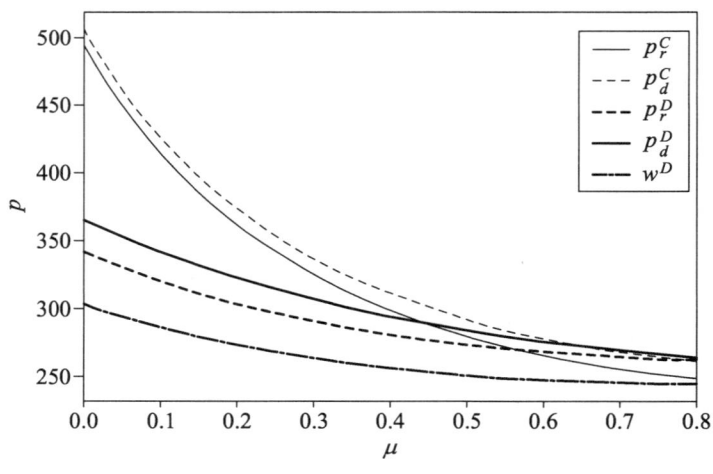

图 3.2 μ 对产品销售价格的影响

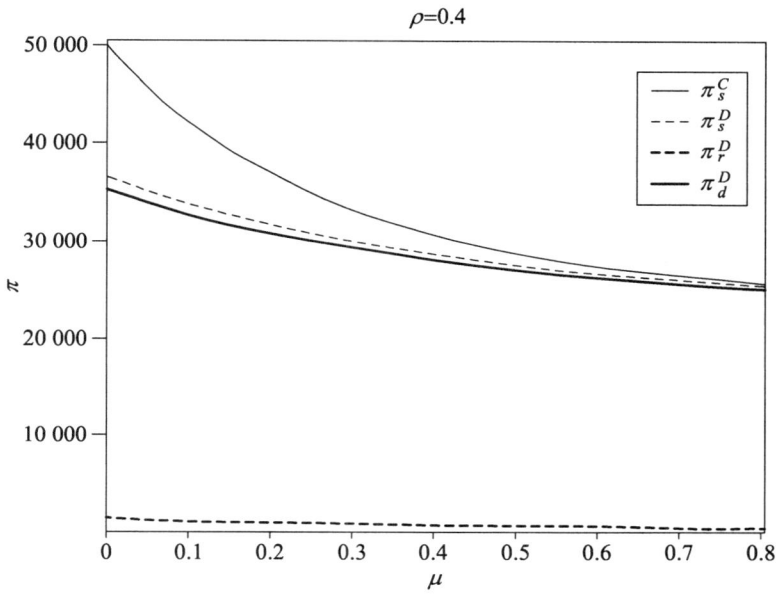

图 3.3 μ 对双渠道供应链利润的影响

2）消费者零售渠道忠诚度 ρ 灵敏性分析

在本小节中，主要分析消费者零售渠道忠诚度 ρ 对集中式和分散式双渠道供应链的均衡策略与利润的影响，令 $\mu=0.3$，$\rho\in[0,1]$。由图 3.4 可知，随着 ρ 值的增加，集中式与分散式模型下的线上渠道环境可持续水平逐渐减少，而线下零售渠道环境可持续水平逐渐增加。在集中式模型中，当 ρ 值较低时，线上渠道环境可持续水平优于线下零售渠道环境可持续水平；而当 ρ 值较高时，线下零售渠道环境可持续水平优于线上渠道环境可持续水平。这表明，集中式模型中，决策者对最优线上与线下渠道环境可持续水平的设定是与消费者的渠道忠诚度的变化对应的。在分散式模型中，线上渠道环境可持续水平恒优于线下零售渠道环境可持续水平。相较于集中式模型，分散式模型中的线下零售渠道环境可持续水平骤降，结合推论 3.2 结论，利润导向的零售商投资改善线下零售渠道环境可持续水平的动机较弱。

从图 3.4 可知，随着 ρ 值的增加，集中式与分散式模型下的线上销售价格逐渐减少，而线下零售价格逐渐增加。当 ρ 值较低时，消费者倾向于线上渠道,此时,线上销售价格高于线下零售价格;而当 ρ 值较高时,消费者更加倾向于零售渠道,此时,线上销售价格低于线上零售价格。相较于集中式模型,随着 ρ 值的增加,线下零售价格与线上销售价格的差异逐渐增加,意味着"双重边际效应"愈发明显。从图 3.4 可以直观看出,随着 ρ 值的增加,集中式双渠道供应链总利润与分散式双渠道供应链总利润的差距逐渐增加,"双重边际效应"增强。

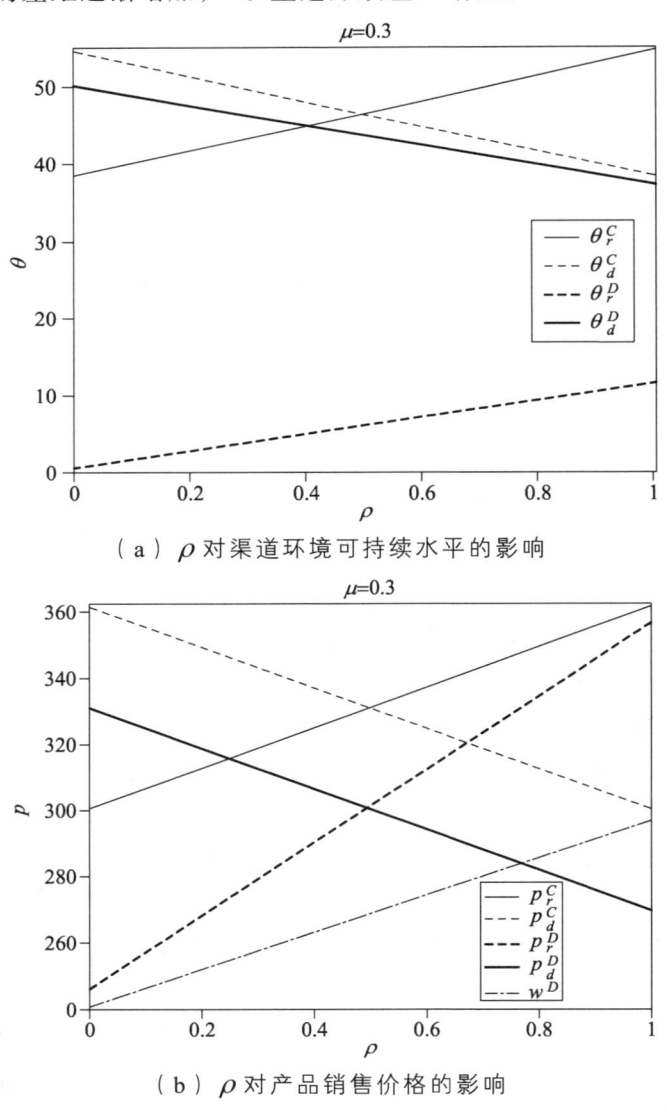

(a) ρ 对渠道环境可持续水平的影响

(b) ρ 对产品销售价格的影响

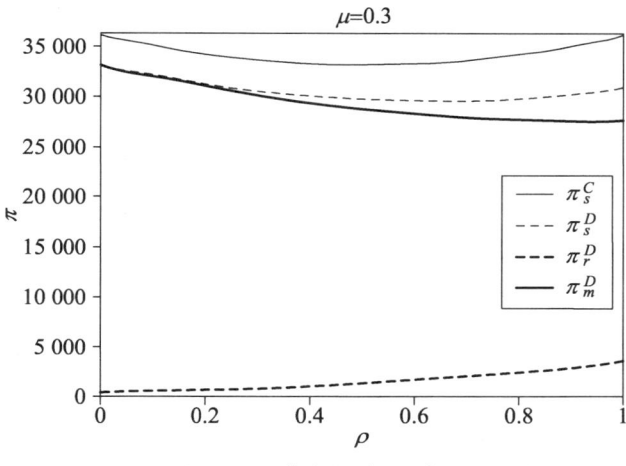

（c） ρ 对双渠道供应链成员利润的影响

图 3.4　ρ 对双渠道供应链均衡策略和利润的影响

3.5　本章小结

本章针对电商环境下线下零售渠道与线上直销渠道共存的双渠道低碳供应链，考虑了线上与线下渠道的碳排放差异，假设消费者具有渠道环境可持续水平偏好，通过对双渠道低碳供应链进行建模分析，运用博弈论方法，研究了线上与线下渠道环境可持续水平对双渠道低碳供应链均衡策略的影响，并借助数值仿真方法，进一步地分析了相关均衡结果。通过数值研究和模拟仿真发现：

（1）分散式模型中，当消费者渠道偏好一定时，线上渠道环境可持续水平优于线下零售渠道环境可持续水平。

（2）随着渠道环境可持续水平交叉影响系数增加，双渠道低碳供应链的"双重边际效应"减弱；而随着消费者零售渠道偏好增加，双渠道低碳供应链的"双重边际效应"增强。

4

考虑消费者产品低碳感知的供应链动态决策研究

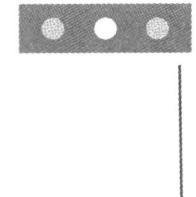

　　本章针对动态环境下双渠道低碳供应链中线上与线下广告合作问题，在前两章关于消费者对产品低碳属性能形成准确和稳定认知假设的基础上，进一步研究了消费者对产品低碳属性的动态感知对供应链决策的影响。综合前两章静态框架下的消费者产品偏好和双渠道供应链结构，基于微分博弈研究了不同广告模式下双渠道供应链中低碳产品生产策略与广告投放策略。以一个绿色制造商与零售商组成的双渠道低碳供应链为研究对象，基于微分博弈比较分析了集中式决策、采用竞争型广告策略的分散式决策与采用支持型广告策略的分散式决策等不同模型下双渠道低碳供应链的最优均衡决策和最优利润。

4 考虑消费者产品低碳感知的供应链动态决策研究

4.1 引 言

近年来，随着人们对全球气候变暖、能源危机、空气污染等频发环境问题的关切日益增加，清洁生产与可持续供应链管理已成为政府、科研机构与工业界的广泛共识。低碳消费是促使实体经济低碳转型的重要因素。研究表明，越来越多的消费者倾向于低碳消费，愿意为购买更加低碳的产品而支付更多的价格[152]。实际上，在低碳市场中，为了获得更强的品牌竞争力与更多的市场份额，制造企业竞相研发低碳产品，如格力、美的等家电企业研发无氟变频空调，特斯拉、长安等制造企业研发新能源汽车。另外，制造企业建立的线上线下双渠道供应链可以有效降低销售环节中的碳排放[54]。如格力等家电企业建有线下专卖、线上零售的混合销售渠道，并积极在线下与线上渠道投放广告以宣传低碳产品的低排放、高能效、智能化等特点。在此背景下，研究低碳环境下双渠道供应链的营运机制具有重要的学术与应用价值。

双渠道供应链是国内外可持续供应链管理研究的热点。在渠道策略方面，Li 等研究发现绿色生产成本、消费者对销售渠道的忠诚度和消费者的环保意识影响绿色产品的销售渠道结构[118]；Ji 等比较研究了不同渠道结构下制造商与零售商的联合减排策略[70]。在生产与定价方面，Chen 等研究了线上与线下渠道环境可持续性对制造商与零售商运营决策的影响[153]；Rahmani 和 Yavari 研究了需求扰动下绿色双渠道供应链的生产与定价问题[154]。在广告、服务策略方面，何丽红等研究了零售商公平关切对双渠道供应链合作广告决策的影响[155]；Yan 和 Pei 研究发现支持型服务策略使得双渠道供应链得到 Pareto 改进[156]。

上述文献都是基于静态模型研究双渠道供应链的最优均衡决策，但由于低碳减排、广告投入、消费者感知和市场需求都是动态变化的，在动态框架下展开研究更加贴近实际[157]，如商誉与合作广告[126]、消费者感知与专利授权[158]等。张志勇等研究了制造商提供全国性广告和零售商提供地方性广告时双渠道供应链的合作广告策略[159]。肖剑等研究了双渠道供应链中产品差异化对线上线下广告融合策略的影响[160]。部分学者还研究了低碳环境下双渠道供应链的广告策略。Zhou 和 Ye 基于差分博弈研究了双渠道供应链中制造商减排努力与零售商广告努力策略，并比较研究了合作广告契约、合作广告和减排成本共享契约下双渠道供应链的均衡策略[125]。周艳菊等研究了在由两个制造商与一个共同零售商的双渠道供应链系统中制造商竞争与合作下的广告策略和联合减排策略[161]。这些研究只关注于零售商的线下广告策略，而鲜有学者研究低碳环境下双渠道供应链线上与线下合作广告策略，缺少动态环境下低碳双渠道供应链中竞争型与支持型广告策略的比较研究。

综上所述，国内外学者对低碳背景下双渠道供应链的运营机制进行了广泛而深入的研究，但少有研究考虑了制造商与零售商的线上线下广告合作策略。特别地，尚无文献研究了动态环境下竞争型与支持型广告策略对低碳双渠道供应链均衡策略的影响。因此，本书从动态的角度综合考虑消费者低碳感知、广告效应与商誉等因素，研究了竞争型与支持型广告策略下低碳双渠道供应链的均衡策略，为低碳环境下双渠道供应链管理提供理论依据和科学参考。

4.2 模式描述、符号与假设

4.2.1 模型描述

在由制造商（M）和零售商（R）组成的双渠道供应链中，针对消费者对产品低碳属性的动态感知，构建了消费者对产品的低碳感知变化过程的微分方程，考虑低碳广告和消费者低碳感知对产品低碳商誉的影响，在动态框架下分别研究了集中式、竞争型广告策略和支持型广告策略等模式下双渠道供应链的动态决策问题。三种模式的博弈顺序如下：

（1）集中式：制造商与零售商集成为整体，并以整体利益最大化为目标决定产品销售价格与低碳水平、线上与线下广告投入水平。

（2）竞争型广告策略：制造商与零售商进行以制造商为领导者的Stackelberg博弈，并且制造商与零售商分别承担线上与线下广告投入费用。制造商作为领导者先决定产品低碳水平与线上广告投入水平，而零售商作为追随者将根据制造商的均衡策略决定产品销售价格与线下广告投入水平。

（3）支持型广告策略：制造商与零售商进行以制造商为领导者的Stackelberg博弈，制造商为了减弱供应链横向竞争将承担线下广告投入费用。制造商作为领导者先决定产品低碳水平、线上与线下广告投入水平，而零售商作为追随者将根据制造商的均衡策略决定产品销售价格。

4.2.2 模型符号说明

本章用到的符号说明如下：

1）决策变量

$\theta(t)$：t 时刻产品低碳水平；

$A_d(t)$，$A_r(t)$：t 时刻线上与线下广告投入水平；

$p_r(t)$，$p_d(t)$：t 时刻零售价格与线上销售价格；

$p(t)$：t 时刻一致价格策略下的产品销售价格。

2）状态变量

$\Theta(t)$：t 时刻消费者低碳感知水平；

$G(t)$：t 时刻低碳产品商誉。

3）供应链参数

Θ_0：t 时刻消费者初始低碳感知水平，即 $\Theta(0)=\Theta_0$；

$C_g(t)$：t 时刻制造商低碳投入成本；

$C_{ad}(t)$，$C_{ar}(t)$：t 时刻线上广告投入成本和线下广告投入成本；

$D_r(t)$：t 时刻线下零售渠道低碳产品市场需求量；

$D_d(t)$：t 时刻线上销售渠道低碳产品市场需求量；

w：t 时刻低碳产品的批发价格；

K_g，K_{ad}，K_{ar}：t 时刻低碳水平、线上广告投入水平与线下广告投入水平的成本系数；

ε：产品的低碳水平对消费者低碳感知的影响系数；

δ：消费者低碳感知的自然衰减率；

α，β，γ：线下广告投入、线上广告投入与消费者低碳感知对产品的低碳商誉的影响系数；

τ：商誉的自然衰减率；

η：产品低碳商誉对产品销量的影响系数；

a：产品的潜在市场需求量；

μ：消费者对线下渠道的忠诚度，$0<\mu<1$；

b_r，b_d：零售价格对零售渠道销量、线上销售价格对线上渠道销量的影响系数；

k_r，k_d：销售渠道间销售价格的交叉影响因素，$b_r > k_r > 0$，$b_d > k_d > 0$；

ρ：贴现因子；

上标 C，DC，DS：集中式决策、竞争型广告策略下的分散式决策与支持型广告策略下的分散式决策等模式下的供应链均衡。

4.2.3 模型假设

假设 1 本书将 t 时刻时基于全生命周期的产品碳足迹定义为 t 时刻产品的低碳水平。假设 t 时刻制造商生产低碳水平为 $\theta(t)$ 的低碳产品，制造商与零售商的线上与线下广告投入水平分别为 $A_d(t)$ 与 $A_r(t)$。假设制造商的低碳投入成本 $C_g(t)$、制造商的线上广告投入成本 $C_{ad}(t)$ 与零售商的线下广告投入成本 $C_{ar}(t)$ 分别为低碳水平与广告投入水平的凸函数[162]，即 $C_g(t) = \dfrac{K_g}{2}\theta(t)^2$，$C_{ad}(t) = \dfrac{K_{ad}}{2}A_d(t)^2$ 和 $C_{ar}(t) = \dfrac{K_{ar}}{2}A_r(t)^2$。

假设 2 假设绿色广告信息传递和消费者认知—反馈机制是影响消费者低碳感知的外在与内在核心要素，并将绿色广告和低碳产品环境标识所传达的低碳信息视作消费者低碳感知最主要的信息来源。持续的低碳创新使得新的低碳产品不断地涌入市场，消费者对产品的低碳感知会随时间的推移而下降[158]，则消费者对低碳产品的低碳感知变化过程的微分方程为

$$\dot{\Theta}(t) = \varepsilon\theta(t) - \delta\,\Theta(t) \tag{4.1}$$

假设 3 制造商的低碳努力、线上线下广告投放会提升产品的品牌形象，因而线上广告投入、线下广告投入以及消费者的低碳感知会影响低碳产品的商誉[163]。参考相关文献[164]，假设产品的低碳商誉变化过程为

$$\dot{G}(t) = \alpha A_r(t) + \beta A_d(t) + \gamma\Theta(t) - \tau G(t) \tag{4.2}$$

假设 4 产品销量受到价格和非价格两方面因素的影响，可以构建为两种因素分离相乘的形式[165]。借鉴文献[125]的处理方法，综合考虑价格与低碳商誉对产品需求的影响，将线上渠道与线下渠道的需求函数分

别表示为

$$D_r(t) = \eta G(t)(\mu a - b_r p_r(t) + k_r p_d(t)) \tag{4.3}$$

$$D_d(t) = \eta G(t)[(1-\mu)a - b_d p_d(t) + k_d p_r(t)] \tag{4.4}$$

式（4.3）和式（4.4）可以改写为

$$D_r(t) = \eta G(t)[\mu a - b'_r p_r(t) + k_r(p_r(t) - p_d(t))] \tag{4.5}$$

$$D_d(t) = \eta G(t)[(1-\mu)a - b'_d p_d(t) + k_d(p_r(t) - p_d(t))] \tag{4.6}$$

其中，$b'_r = b_r - k_r$，$b'_d = b_d - k_d$。令 $b'_r + b'_d = b$，则 $k = \dfrac{b'_r}{b}$，$(1-k) = \dfrac{b'_d}{b}$ 分别代表零售渠道与线上渠道的价格相对影响系数，且 $0 < k < 1$。进一步地，研究表明线上线下一致价格策略能有效减弱渠道冲突[118]。为此，假设 $p_r = p_d = p$，则需求函数可以改写为

$$D_r(t) = \eta G(t)(\mu a - bkp(t)) \tag{4.7}$$

$$D_d(t) = \eta G(t)[(1-\mu)a - (1-k)bp(t)] \tag{4.8}$$

由 $D_r(t) \geqslant 0$ 和 $D_d(t) \geqslant 0$，可知 $p(t) \in \left[0, \dfrac{a}{b}\right]$。

假设 5　t 时刻低碳产品的批发价格 $0 < w < p(t)$ 为外生变量。

假设 6　在无限时间范围内，制造商和零售商在任意时刻均具有相同的贴现因子 $\rho > 0$[166]。

制造商的产品低碳水平 $\theta(t)$、线上广告投放水平 $A_d(t)$、零售商的销售价格 $p(t)$、线下广告投放水平 $A_r(t)$ 为决策变量，消费者低碳感知水平 $\Theta(t)$ 和商誉 $G(t)$ 为状态变量。因此，零售商、制造商与双渠道供应链系统的长期利润分别为

$$J_R = \int_0^\infty e^{-\rho t}[(p(t)-w)D_r(t) - C_{ar}(t)]\,dt \tag{4.9}$$

$$J_M = \int_0^\infty e^{-\rho t}(wD_r(t) + p(t)D_d(t) - C_g(t) - C_{ad}(t))\,dt \tag{4.10}$$

$$J_S = J_M + J_R \qquad (4.11)$$

4.3 模型构建与分析

4.3.1 集中式决策

集中式供应链系统中，制造商与零售商以最大化供应链系统总利润为目标进行合作博弈，制定最优销售价格、最优低碳水平和最优线上线下广告投入水平。此时，供应链系统的决策目标函数为

$$\max_{p^C, \theta^C, A_r^C, A_d^C} J_S^C = \int_0^\infty e^{-\rho t}[p^C(D_r^C + D_d^C) - C_g - C_{ad} - C_{ar}]\mathrm{d}t \qquad (4.12)$$

$$\text{s.t. } p^C > w, D_r^C > 0, D_d^C > 0 \qquad (4.13)$$

命题 4.1 集中式供应链系统的博弈均衡策略如下：

（1）最优销售价格、最优低碳水平、最优线上广告投入水平和最优线下广告投入水平分别为

$$p^C = \frac{a}{2b}, \theta^C = \frac{\varepsilon \gamma k a^2 L_2}{K_g}, A_d^C = \frac{\beta k a^2 L_1}{K_{ad}}, A_r^C = \frac{\alpha k a^2 L_1}{K_{ar}}$$

其中 $L_1 = \dfrac{\eta}{4bk(\rho+\tau)} > 0$, $L_2 = \dfrac{\eta}{4bk(\rho+\delta)(\rho+\tau)} > 0$。

（2）消费者低碳感知的最优轨迹为

$$\Theta^C(t) = \Theta_\infty^C + (\Theta_0 - \Theta_\infty^C)e^{-\delta t}$$

其中 $\Theta_\infty^C = \dfrac{k\gamma \varepsilon^2 a^2 L_2}{\delta K_g}$ 为消费者低碳感知的稳定值。

（3）产品低碳商誉的最优轨迹为

$$G^C(t) = G_\infty^C + \frac{\gamma(\Theta_0 - \Theta_\infty^C)}{\tau - \delta}e^{-\delta t} + \left[G_0 - G_\infty^C - \frac{\gamma(\Theta_0 - \Theta_\infty^C)}{\tau - \delta}\right]e^{-\tau t}$$

其中 $G_\infty^C = \dfrac{1}{\tau}\left(\dfrac{k\alpha^2 a^2 L_1}{K_{ar}} + \dfrac{k\beta^2 a^2 L_1}{K_{ad}} + \dfrac{k\gamma^2 \varepsilon^2 a^2 L_2}{\delta K_g}\right)$ 为产品低碳商誉的稳定值。

4 考虑消费者产品低碳感知的供应链动态决策研究

（4）集中式供应链系统的最优利润为

$$J_S^C = ka^2\left(\gamma L_2 \Theta_0 + L_1 G_0\right) + \frac{\beta^2 k^2 a^4}{2\rho K_{ad}} L_1^2 + \frac{\alpha^2 k^2 a^4}{2\rho K_{ar}} L_1^2 + \frac{\gamma^2 \varepsilon^2 k^2 a^4}{2\rho K_g} L_2^2$$

记 t 时刻集中式供应链系统的最优价值函数为 $J_S^{C^*}(\Theta,G) = \mathrm{e}^{-\rho t} V_S^C(\Theta,G)$。$V_S^C(\Theta,G)$ 对于任意 $\Theta \geqslant 0$ 和 $G \geqslant 0$ 都满足 HJB 方程，即

$$\rho V_S^C = \max_{p^C,\theta^C,A_r^C,A_d^C}\{\pi_S + V_{S\Theta}^{C\prime}(\varepsilon\theta^C - \delta\Theta) + V_{SG}^{C\prime}(\alpha A_r^C + \beta A_d^C + \gamma\Theta - \tau G)\}$$

（4.14）

对式（4.14）右侧分别求 p^C, θ^C, A_r^C 与 A_d^C 的二阶偏导，可得 Hessian 矩阵：

$$\boldsymbol{H}_{V_S^C} = \begin{pmatrix} -\eta b G & 0 & 0 & 0 \\ 0 & -K_g & 0 & 0 \\ 0 & 0 & -K_{ar} & 0 \\ 0 & 0 & 0 & -K_{ad} \end{pmatrix}$$

易知 $\boldsymbol{H}_{V_S^C}$ 为负定矩阵，此时 $\boldsymbol{H}_{V_S^C}$ 是关于 p^C, θ^C, A_r^C 与 A_d^C 的严格凸函数，存在最优解。对式（4.14）右侧分别求 p^C, θ^C, A_r^C 与 A_d^C 的一阶偏导，可得

$$\frac{\partial V_S^C}{\partial p^C} = \eta(a - 2bp^C)G$$

$$\frac{\partial V_S^C}{\partial \theta^C} = \varepsilon V_{S\Theta}^{C\prime} - K_g \theta^C$$

$$\frac{\partial V_S^C}{\partial A_r^C} = \alpha V_{SG}^{C\prime} - K_{ar} A_r^C$$

$$\frac{\partial V_S^C}{\partial A_d^C} = \beta V_{SG}^{C\prime} - K_{ad} A_d^C$$

分别令上式为 0，联立求解可得

$$\theta^C = \frac{\varepsilon}{K_g} V_{S\Theta}^\prime \tag{4.15}$$

$$p^C = \frac{a}{2b} \tag{4.16}$$

$$A_r^C = \frac{\alpha}{K_{ar}} V'_{SG} \quad (4.17)$$

$$A_d^C = \frac{\beta}{K_{ad}} V'_{SG} \quad (4.18)$$

将式（4.15）~式（4.18）代入式（4.14），整理可得

$$\rho V_S^C = (\gamma V'_{sG} - \delta V'_{s\Theta})\Theta + \frac{(\eta a^2 - 4\tau b V'_{sG})G}{4b} +$$
$$\frac{(\varepsilon^2 b K_{ar} V'^2_{s\Theta} + \alpha^2 b K_g V'^2_{sG})K_{ad} + \beta^2 b K_g K_{ar} V'^2_{sG}}{2b K_{ad} K_g K_{ar}} \quad (4.19)$$

根据式（4.19）的结构，假设 $V_S^N(\Theta, G)$ 关于 Θ 和 G 的线性表达式为

$$V_S^C = c_1 G + c_2 \Theta + c_3 \quad (4.20)$$

其中，c_1, c_2 与 c_3 均为常数。将式（4.20）代入式（4.19），整理可得

$$\rho c_1 G + c_2 \Theta + c_3$$
$$= \gamma(c_1 - \delta c_2)\Theta + \frac{(\eta a^2 - 4\tau b c_1)G}{4b} + \frac{(\varepsilon^2 b K_{ar} c_2^2 + \alpha^2 b K_g c_1^2)K_{ad} + \beta^2 b K_g K_{ar} c_1^2}{2b K_{ad} K_g K_{ar}}$$
$$(4.21)$$

由待定系数法得

$$\begin{cases} c_1 = \dfrac{\eta a^2}{4b(\rho + \tau)} \\ c_2 = \dfrac{\eta \gamma a^2}{4b(\rho + \delta)(\rho + \tau)} \\ c_3 = \dfrac{\eta^2 a^4[(\delta + \rho)^2(\alpha^2 K_{ad} + \beta^2 K_{ar})K_g + \varepsilon^2 \gamma^2 K_{ad} K_{ar}]}{32\rho b^2(\rho + \tau)^2(\delta + \rho)^2 K_{ad} K_{ar} K_g} \end{cases} \quad (4.22)$$

将式（4.22）代入式（4.15）~式（4.18），可得集中式供应链的均衡策略，如命题 4.1（1）所示；将均衡策略代入式（4.1）和式（4.2），可得消费者低碳感知与产品低碳商誉的最优轨迹，如命题 4.1（2）和（3）所示；将消费者低碳感知与产品低碳商誉的最优轨迹代入式（4.12）可得集中式

供应链系统的最优利润，如命题4.1（4）所示。

由命题4.1可以看出，集中式双渠道供应链系统的线上与线下广告投入均衡解是对称的，由渠道的广告特性决定。当广告投入水平对产品低碳商誉（产品销量）的影响增强时，供应链系统将相应地提升线上与线下广告投入水平。另外，贴现率越高，意味着系统越关注短期利润。此时，系统将忽视对产品低碳研发与广告投放的长期投入，导致产品低碳商誉的下降，从而降低长期利润。

4.3.2 竞争型广告策略下的分散式决策

在由制造商作为Stackelberg领导者的双渠道供应链系统中，制造商与零售商分别独自承担线上与线下的广告投入成本。此时，博弈过程如下：制造商作为领导者，先决定产品低碳水平 θ 与线上广告投入水平 A_d；零售商作为追随者，根据制造商的最优决策决定产品的销售价格 p 与线下广告投入水平 A_r。此时，制造商与零售商的决策问题如下：

$$\max_{\theta^{DC}, A_d^{DC}} J_M^{DC} = \int_0^\infty e^{-\rho t} \pi_M^{DC} dt \qquad (4.23)$$

$$\max_{p^{DC}, A_r^{DC}} J_R^{DC} = \int_0^\infty e^{-\rho t} \pi_R^{DC} dt \qquad (4.24)$$

命题4.2 在竞争型广告策略下，双渠道供应链系统的均衡策略如下：

（1）最优销售价格、最优低碳水平、最优线上广告投入水平和最优线下广告投入水平分别为

$$p^{DC} = \frac{\mu a + bkw}{2bk}, \; \theta^{DC} = \frac{\varepsilon\gamma}{K_g} L_2 M_2, \; A_d^{DC} = \frac{\beta}{K_{ad}} L_1 M_2, \; A_r^{DC} = \frac{\alpha}{K_{ar}} L_1 M_1^2$$

其中 $M_1 = a\mu - bkw$，$M_2 = \dfrac{2\mu ka^2 + 2abkw(k\mu + k - \mu) - (a^2\mu^2 + b^2k^2w^2)(k+1)}{k}$。

（2）消费者低碳感知的最优轨迹为

$$\Theta^{DC}(t) = \Theta_\infty^{DC} + (\Theta_0 - \Theta_\infty^{DC})e^{-\delta t}$$

其中 $\Theta_\infty^{DC} = \dfrac{\varepsilon^2 \gamma L_2 M_2}{\delta K_g}$ 为消费者低碳感知的稳定值。

（3）产品低碳商誉的最优轨迹为

$$G^{DC}(t) = G_{\infty}^{DC} + \frac{\gamma(\Theta_0 - \Theta_{\infty}^{DC})}{\tau - \delta}e^{-\delta t} + \left(G_0 - G_{\infty}^{DC} - \frac{\gamma(\Theta_0 - \Theta_{\infty}^{DC})}{\tau - \delta}\right)e^{-\tau t}$$

其中 $G_{\infty}^{DC} = \frac{1}{\tau}\left(\frac{\alpha^2 L_1 M_1^2}{K_{ar}} + \frac{\beta^2 L_1 M_2}{K_{ad}} + \frac{\varepsilon^2 \gamma^2 L_2 M_2}{\delta K_g}\right)$ 为产品低碳商誉的稳定值。

（4）制造商、零售商与供应链系统的最优利润为

$$J_M^{DC} = M_2(L_1 G_0 + \gamma L_2 \Theta_0) + \frac{\beta^2 L_1^2 M_2^2}{2\rho K_{ad}} + \frac{\alpha^2 L_1^2 M_1^2 M_2}{\rho K_{ar}} + \frac{\varepsilon^2 \gamma^2 L_2^2 M_2^2}{2\rho K_g},$$

$$J_R^{DC} = M_1^2(L_1 G_0 + \gamma L_2 \Theta_0) + \frac{\beta^2 L_1^2 M_1^2 M_2}{\rho K_{ad}} + \frac{\alpha^2 L_1^2 M_1^4}{2\rho K_{ar}} + \frac{\varepsilon^2 \gamma^2 L_2^2 M_1^2 M_2}{\rho K_g},$$

$$J_S^{DC} = (M_2 + M_1^2)(L_1 G_0 + \gamma L_2 \Theta_0) + \frac{\beta^2 L_1^2 M_2}{2\rho K_{ad}}(M_2 + 2M_1^2) +$$

$$\frac{\alpha^2 L_1^2 M_1^2}{2\rho K_{ar}}(M_1^2 + 2M_2) + \frac{\varepsilon^2 \gamma^2 L_2^2 M_2}{2\rho K_g}(M_2 + 2M_1^2)$$

记 t 时刻制造商与零售商的最优价值函数为 $J_M^{DS*}(\Theta, G) = e^{-\rho t}V_M^{DS}(\Theta, G)$，$J_R^{DS*}(\Theta, G) = e^{-\rho t}V_R^{DS}(\Theta, G)$。$V_M^{DS}(\Theta, G), V_R^{DS}(\Theta, G)$ 对于任意 $\Theta \geq 0$ 和 $G \geq 0$ 都满足 HJB 方程，即

$$\delta V_R = \max\{\pi_R + V'_{R\Theta}\dot{\Theta} + V'_{RG}\dot{G}\} \quad （4.25）$$

$$\delta V_M = \max\{\pi_M + V'_{M\Theta}\dot{\Theta} + V'_{MG}\dot{G}\} \quad （4.26）$$

根据逆推法，先求得零售商的利润函数。对式（4.25）右侧分别求 A_r 和 p 的二阶偏导，可得 Hessian 矩阵：

$$\boldsymbol{H}_{V_R^{DC}} = \begin{pmatrix} -K_{ar} & 0 \\ 0 & -2\eta kbG \end{pmatrix}$$

显然，$\boldsymbol{H}_{V_R^{DC}}$ 是负定的，因此是关于 A_r 和 p 的严格凸函数，存在最优解。对式（4.25）右侧分别求 A_r 和 p 的一阶偏导，可得

$$\frac{\partial V_R}{\partial A_r} = \alpha V'_{RG} - K_{ar}A_r \text{ 和 } \frac{\partial V_R}{\partial p} = \eta G(\mu a - bkp) - \eta bkG(p - w)$$

分别令其为 0，联立求解可得

$$A_r = \frac{\alpha V'_{RG}}{K_{ar}} \quad (4.27)$$

$$p = \frac{\mu a + bkw}{2bk} \quad (4.28)$$

将式（4.27）和式（4.28）代入式（4.26），对 A_d 和 θ 分别求二阶偏导，可得 Hessian 矩阵

$$\boldsymbol{H}_{V_M^{DC}} = \begin{pmatrix} -K_{ad} & 0 \\ 0 & -K_g \end{pmatrix}$$

显然，$\boldsymbol{H}_{V_M^{DC}}$ 是负定的，因此是关于 A_d 和 θ 的严格凸函数，存在最优解。对式（4.26）右侧分别求 A_d 和 θ 的一阶偏导，可得

$$\frac{\partial V_M}{\partial A_d} = \beta V'_{Mad} - K_{ad} A_d$$

$$\frac{\partial V_M}{\partial \theta} = \varepsilon V'_{M\theta} - \theta K_g$$

分别令其为 0，联立求解可得

$$A_d = \frac{\beta}{K_{ad}} V'_{MG} \quad (4.29)$$

$$\theta = \frac{\varepsilon}{K_g} V'_{M\Theta} \quad (4.30)$$

将式（4.27）~式（4.30）分别代入式（4.25）和式（4.26），整理可得

$$\begin{aligned}
pV_R^{DC} &= (V_{mG}\gamma - \delta V_{m\theta})\Theta + \\
&\quad \frac{\{-b^2\eta k^3 w^2 - [bw^2\eta - 2aw(\mu+1)\eta + 4V_{mG}\tau]bk^2 - \eta a[2wb + a(\mu-2)]\mu k - a^2\eta\mu^2\}G}{4k^2 b} + \\
&\quad \frac{(2\varepsilon^2 V_{m\Theta}^2 bk^2 K_{ar} + 4V_{mG}V_{rG}\alpha^2 bk^2 K_g)K_{ad} + 2V_{mG}^2 \beta^2 k^2 bK_g K_{ar}}{4k^2 bK_{ad}K_g K_{ar}}
\end{aligned} \quad (4.31)$$

$$\rho V_M^{DC} = (V_{rG}\gamma - \delta V_{r\Theta})\Theta + \frac{[(\mu a - kbw)^2 \eta - 4V_{rG}\tau kb]G}{4kb} -$$

$$\frac{V_{rG}^2 \alpha^2}{2K_{ar}} + \frac{V_{rG}(K_{ad}V_{rG}\alpha^2 + K_{ar}V_{mG}\beta^2)}{K_{ad}K_{ar}} + \frac{V_{r\Theta}V_{m\Theta}\varepsilon^2}{K_g} \qquad (4.32)$$

根据式（4.31）和式（4.32）的结构，假设 V_R^{DC}, V_M^{DC} 关于 Θ 和 G 的线性表达式分别为

$$V_M = m_1 G + m_2 \Theta + m_3 \qquad (4.33)$$

$$V_R = n_1 G + n_2 \Theta + n_3 \qquad (4.34)$$

其中，$m_1, m_2, m_3, n_1, n_2, n_3$ 分别为常数。将式（4.33）和式（4.34）分别代入式（4.31）和式（4.32），整理后，由待定系数法得

$$\begin{cases} m_1 = \dfrac{\eta[(k+1)(b^2k^2w^2 + a^2\mu^2) + 2abkw(\mu - k\mu - k) - 2a^2k\mu]}{-4k^2b(\rho+\tau)} \\ m_2 = \dfrac{\gamma\eta[(k+1)(b^2k^2w^2 + a^2\mu^2) + 2abkw(\mu - k\mu - k) - 2a^2k\mu]}{-4k^2b(\rho+\tau)(\delta+\rho)} \\ n_1 = \dfrac{\eta(a\mu - bkw)^2}{4bk(\rho+\tau)} \\ n_2 = \dfrac{\gamma\eta(a\mu - bkw)^2}{4bk(\rho+\tau)(\delta+\rho)} \end{cases}$$

$$(4.35)$$

将式（4.35）代入式（4.27）~式（4.30），可得竞争型广告策略下双渠道低碳供应链中制造商与零售商的均衡策略，如命题 4.2（1）所示；将均衡策略代入式（4.1）和式（4.2），可得消费者低碳感知与产品低碳商誉的最优轨迹，如命题 4.2（2）和（3）所示；将消费者低碳感知与产品低碳商誉的最优轨迹代入式（4.23）和式（4.24），可得竞争型广告策略下双渠道低碳供应链中零售商、制造商和总系统的最优利润，如命题 4.2（4）所示。

由命题 4.2 可知，分散式供应链中制造商与零售商市场权利的不对称性反映为线上广告投入水平与线下广告投入水平的不对称性。当制造商

与零售商独自进行广告投入决策时，双渠道供应链的横向竞争将加剧。由此表明，合理降低线上渠道与线下零售渠道的广告竞争是实现供应链绩效改善的有效途径。

推论 4.1 当 $\mu \in \left[\dfrac{bkw}{a}, \dfrac{k(2a+bkw-bw)}{a(1+k)}\right]$ 时，$D_r \geq 0$，$D_d \geq 0$。

推论 4.1 表明，当消费者对零售渠道的忠诚度过高或过低时，线上渠道或零售渠道的需求量为负，此时不存在线上渠道或零售渠道。因而，本书聚焦于消费者对零售渠道合理的忠诚度，而不考虑其他极端情形。

4.3.3 支持型广告策略下的分散式决策

支持型广告策略下的分散式决策模式下，制造商为了减弱"双重边际效应"，承担线下广告投放成本。此时，博弈顺序如下：制造商作为领导者首先决定产品低碳水平、线上广告投入水平与线下广告投入水平；零售商作为追随者，根据制造商的最优决策决定产品的销售价格。此时，制造商与零售商的决策问题如下：

$$\max_{\theta^{DS}, A_d^{DS}, A_r^{DS}} J_M^{DS} = \int_0^\infty e^{-\rho t} \pi_M^{DS} dt \tag{4.36}$$

$$\max_{p^{DS}} J_R^{DS} = \int_0^\infty e^{-\rho t} \pi_R^{DS} dt \tag{4.37}$$

命题 4.3 在支持型广告策略下，双渠道供应链系统的均衡策略如下：

（1）最优销售价格、最优低碳水平、最优线下广告投入水平和最优线下广告投入水平分别为

$$p^{DS} = \frac{bkw + a\mu}{2kb}, \quad \theta^{DS} = \frac{\varepsilon \gamma L_2 M_2}{K_g}, \quad A_d^{DS} = \frac{\beta L_1 M_2}{K_{ad}}, \quad A_r^{DS} = \frac{\alpha L_1 M_2}{K_{ar}}$$

（2）消费者低碳感知的最优轨迹为

$$\Theta^{DS}(t) = \Theta_\infty^{DS} + (\Theta_0 - \Theta_\infty^{DS}) e^{-\delta t}$$

其中 $\Theta_\infty^{DS} = \dfrac{\varepsilon^2 \gamma L_2 M_2}{\delta K_g}$ 为消费者低碳感知的稳定值。

③产品低碳商誉的最优轨迹为

$$G^{DS}(t) = G_\infty^{DS} + \frac{\gamma(\Theta_0 - \Theta_\infty^{DS})}{\tau - \delta}e^{-\delta t} + \left(G_0 - G_\infty^{DS} - \frac{\gamma(\Theta_0 - \Theta_\infty^{DS})}{\tau - \delta}\right)e^{-\tau t}$$

其中 $G_\infty^{DS} = \frac{1}{\tau}\left(\frac{\beta^2 L_1 M_2}{K_{ad}} + \frac{\alpha^2 L_1 M_2}{K_{ar}} + \frac{\varepsilon^2 \gamma^2 L_2 M_2}{\delta K_g}\right)$ 为产品低碳商誉的稳定值。

④ 制造商、零售商与供应链系统的最优利润为

$$J_M^{DS} = M_2(L_1 G_0 + \gamma L_2 \Theta_0) + \frac{\beta^2 L_1^2 M_2^2}{2\rho K_{ad}} + \frac{\alpha^2 L_1^2 M_2^2}{2\rho K_{ar}} + \frac{\varepsilon^2 \gamma^2 L_2^2 M_2^2}{2\rho K_g},$$

$$J_R^{DS} = M_1^2(L_1 G_0 + \gamma L_2 \Theta_0) + \frac{\beta^2 L_1^2 M_1^2 M_2}{\rho K_{ad}} + \frac{\alpha^2 L_1^2 M_1^2 M_2}{\rho K_{ar}} + \frac{\varepsilon^2 \gamma^2 L_2^2 M_1^2 M_2}{\rho K_g},$$

$$J_S^{DS} = (M_1^2 + M_2)(L_1 G_0 + \gamma L_2 \Theta_0) + \frac{\beta^2 L_1^2 M_2}{2\rho K_{ad}}(2M_1^2 + M_2) +$$

$$\frac{\alpha^2 L_1^2 M_2}{2\rho K_{ar}}(2M_1^2 + M_2) + \frac{\varepsilon^2 \gamma^2 L_2^2 M_2}{2\rho K_g}(2M_1^2 + M_2)$$

（证明过程如命题 4.1，略。）

命题 4.3 表明，当制造商承担零售商的线下广告投入成本时，线上与线下广告投入水平的均衡策略能反映出线上与线下渠道的对称特性。由此表明，支持型广告投入策略能有效地降低双渠道供应链中的广告竞争程度。

4.3.4 结果分析

命题 4.4 集中式与分散式供应链对比：

（1） $A_d^C > A_d^i$，$A_r^C > A_r^i$，$\theta^C > \theta^i$，$J_S^C > J_S^i$，其中 $i = DC, DS$。

（2）当 $\mu \in \left[\frac{bkw}{a}, k\right)$ 时，若 $0 < w \leq \frac{a(k-\mu)}{bk}$，则 $p^C \geq p^i$，

若 $\frac{a(k-\mu)}{bk} < w < \frac{a}{b}$，则 $p^C < p^i$；

当 $\mu \in \left[k, \frac{k(2a+bkw-bw)}{a(1+k)}\right]$ 时，$p^C < p^i$，其中 $i = DC, DS$。

证明 （1）由集中式决策与采用竞争型广告策略的分散式决策的均衡策略，可得

$$A_d^C - A_d^{DC} = \frac{\beta L_1(ka^2 - M_2)ka^2}{K_{ad}}$$

$$A_r^C - A_r^{DC} = \frac{\alpha L_1(ka^2 - M_1^2)}{K_{ar}}$$

$$\theta^C - \theta^{DC} = \frac{\varepsilon \gamma L_2(ka^2 - M_2)}{K_g}$$

$$J_S^C - J_S^{DC} = (L_1 G_0 + \gamma L_2 \Theta_0)(ka^2 - M_1^2 - M_2) + \frac{\beta^2 L_1^2}{2\rho K_{ad}}(k^2 a^4 - M_2^2 - 2M_1^2 M_2) +$$

$$\frac{\alpha^2 L_1^2}{2\rho K_{ar}}(k^2 a^4 - M_1^4 + 2M_1^2 M_2) + \frac{\varepsilon^2 \gamma^2 L_2^2}{2\rho K_g}(k^2 a^4 - M_2^2 - 2M_1^2 M_2)$$

由

$$ka^2 - M_2 - M_1^2 = \frac{[(a-bw)k - a\mu]^2}{k} \geqslant 0$$

可得 $A_d^C - A_d^{DC} > 0$，$A_r^C - A_r^{DC} > 0$，$\theta^C - \theta^{DC} > 0$

进一步可知

$$k^2 a^4 - M_1^4 + 2M_1^2 M_2 \geqslant M_2^4 + 4M_1^2 M_2 > 0$$

同理 $k^2 a^4 - M_2^2 - 2M_1^2 M_2 > 0$，因此 $J_S^C - J_S^{DC} > 0$。

同理可证 $A_d^C > A_d^{DS}$，$A_r^C > A_r^{DS}$，$\theta^C > \theta^{DS}$，$J_S^C > J_S^{DS}$。

（2）易知 $p^C - p^{DC} = \dfrac{ak - \mu a - bkw}{2bk}$，令其为 0，可得

$$w = \frac{a(k-\mu)}{bk}$$

当 $\mu \geqslant k$ 时，$w \leqslant 0$；当 $\mu < k$ 时，$w > 0$。

进一步地，由假设 4 和假设 5，知 $w \in \left[0, \dfrac{a}{b}\right]$。

当 $\mu < k$ 时，若 $0 < w < \dfrac{a(k-\mu)}{bk}$，则 $p^C > p^{DC}$；若 $w = \dfrac{a(k-\mu)}{bk}$，则 $p^C = p^{DC}$；若 $\dfrac{a(k-\mu)}{bk} < w < \dfrac{a}{b}$，则 $p^C < p^{DC}$。

当 $\mu \geqslant k$ 时，由 $\dfrac{a(k-\mu)}{bk} < w < \dfrac{a}{b}$，可知 $p^C < p^{DC}$。

命题 4.4（1）表明，集中式双渠道供应链下的最优低碳水平、最优线上广告投入水平、最优线下广告投入水平以及供应链总利润均优于分散式双渠道供应链。命题 4.4（2）表明，随着参数值的变化，集中式双渠道供应链中低碳产品的销售价格可能高于、等于或低于分散式双渠道供应链中低碳产品的销售价格。结合命题 4.4（1）和（2），"双重边际效应"存在于分散式双渠道供应链中，其不以某个决策变量为载体（如销售价格），而真实地反映于分散式双渠道供应链总体利润的受损。

命题 4.5 竞争型与支持型广告策略对比：

（1）$A_d^{DS} = A_d^{DC}$，$\theta^{DS} = \theta^{DC}$，$p^{DS} = p^{DC}$。

（2）若 $M_2 \leqslant M_1^2$，则 $A_r^{DC} \geqslant A_r^{DS}$；若 $M_2 > M_1^2$，则 $A_r^{DC} < A_r^{DS}$。

（3）记 $\Delta J_M = J_M^{DS} - J_M^{DC}$，$\Delta J_R = J_R^{DS} - J_R^{DC}$，$\Delta J_S = J_S^{DS} - J_S^{DC}$。两种广告策略下，制造商、零售商、供应链的利润对比情况如表 4.1 所示。

表 4.1 两种广告策略下制造商、零售商、供应链的利润对比情况

	ΔJ_M	ΔJ_S	ΔJ_R
$0 < M_2 < \dfrac{M_1^2}{2}$	−	−	−
$\dfrac{M_1^2}{2} < M_2 < M_1^2$	−	−	+
$M_1^2 < M_2 < 2M_1^2$	−	+	+
$M_2 > 2M_1^2$	+	+	+

注："+"表示正值，"−"表示负值。

证明 （1）由分散式双渠道供应链分别在竞争型与支持型广告策略下的均衡策略，易得 $A_d^{DS} - A_d^{DC} = 0$，$\theta^{DS} - \theta^{DC} = 0$，$p^{DS} - p^{DC} = 0$。

（2）易得 $A_r^{DS} - A_r^{DC} = \dfrac{\alpha L_1}{K_{ar}}(M_2 - M_1^2)$。

（3）由分散式双渠道供应链分别在竞争型与支持型广告策略下的最优利润，可得

$$\Delta J_M = J_M^{DS} - J_M^{DC} = \dfrac{\alpha^2 L_1^2 M_2}{2\rho K_{ar}}(M_2 - 2M_1^2)$$

$$\Delta J_R = J_R^{DS} - J_R^{DC} = \dfrac{\alpha^2 L_1^2 M_1^2}{2\rho K_{ar}}(2M_2 - M_1^2)$$

$$\Delta J_S = J_S^{DC} - J_S^{DS} = \frac{\alpha^2 L_1^2}{2\rho K_{ar}}(M_2 + M_1^2)(M_2 - M_1^2)$$

由此易得表 4.1 所示结论。

命题 4.5（1）表明，分散式双渠道供应链在竞争型广告策略与支持型广告策略下的最优线上广告投入水平、最优低碳水平与最优销售价格一致，说明线下广告投入水平的承担主体的变化只影响线下广告投入水平，而不会扩散影响其他决策变量。命题 4.5（2）表明，随着参数取值的变化，竞争型广告策略下的线下广告投入水平可能高于、等于或低于支持型广告策略下的线下广告投入水平。命题 4.5（3）表明，当参数取值变化时（M_2 取值由小到大变化），相较于支持型广告策略，竞争型广告策略将带来零售商、供应链和制造商利润的改善。从表 4.1 可以看出，相较于制造商，零售商更容易从竞争型广告策略获益。同时，当制造商具有一定利他偏好且以供应链系统利润最大化为目标，而不是以自身利润最大化为目标时，制造商更容易接受支持型广告策略。综合命题 5 可以发现，ΔJ_M 与 $\Delta A_r = A_r^{DS} - A_r^{DC}$ 的正负性条件一致。这意味着制造商可以将线下广告投入水平作为判断是否采用支持型广告策略的直接信号。

推论 4.2　在一定条件下，支持型广告策略将使得分散式双渠道供应链得到 Pareto 改进。

由表 4.1 可以看出，相较于采用竞争型广告策略的分散式双渠道供应链，在一定条件下（$M_2 > 2M_1^2$），采用支持型广告策略的分散式双渠道供应链中制造商、零售商与供应链的利润都将得到改善。由此表明，在一定条件下，竞争型广告策略将使得分散式双渠道供应链得到 Pareto 改进。此时，采用支持型广告策略的分散式双渠道供应链的线下广告投入水平将低于采用竞争型广告策略的分散式双渠道供应链。这说明竞争型广告策略通过降低制造商与零售商之间的广告竞争，提高了线下广告投入水平，从而扩展了市场潜在需求，进而实现了双渠道供应链的 Pareto 改进。

综合命题 5 和推论 2 可知，在分散式供应链中，线下广告投入水平是判断支持型广告策略效用的关键变量。只有当支持型广告策略下的最优线下广告投入水平优于竞争型广告策略下的最优线下广告投入水平时，制造商才能从支持型广告策略中获利，同时取得分散式供应链系统的 Pareto 改进。这是因为，线下广告投入水平的提高能有效促进低碳产品商誉的提升，并转化为线上与线下渠道产品需求量的增加，从而增加制造商通过线上与线下渠道所获得的利润。而只有当支持型广告策略下的最优线下广告投入水平优于竞争型广告策略下的最优线下广告投入水平时，提升线下广告投入水平所转化来的低碳产品需求量足够高，才能抵消制造商所承担的线下广告投入成本，并同步增加制造商利润。

4.4 算例分析

针对前文分析，通过数值模拟，可直观地分析不同模式下对双渠道供应链系统均衡决策及利润的变化。参考文献[14]的参数设定，设置初始参数为 $a=5$，$b=2$，$k=0.5$，$\eta=0.75$，$\varepsilon=0.8$，$\delta=0.5$，$\alpha=0.6$，$\beta=0.5$，$\gamma=0.8$，$\tau=0.5$，$\rho=0.3$，$\Theta_0=5$，$G_0=15$，$K_g=6$，$K_{ad}=5$，$K_{ar}=5.5$。

1）均衡解的稳态值

如图 4.1 所示（取 $w=1$，此时 $\mu\in[0.2,0.6]$），竞争型广告策略下的最优线下广告投入水平优于支持型广告策略，而竞争型广告策略下的最优线上广告投入水平等于支持型广告策略，这与命题 4.5 一致。随着消费者对零售渠道忠诚度的增加，竞争型广告策略下零售商将提高最优线下广告投入水平。然而，此时制造商对线上渠道投入将减少，意味着制造商将降低最优线上广告投入水平。支持型广告策略下，随着消费者对线上

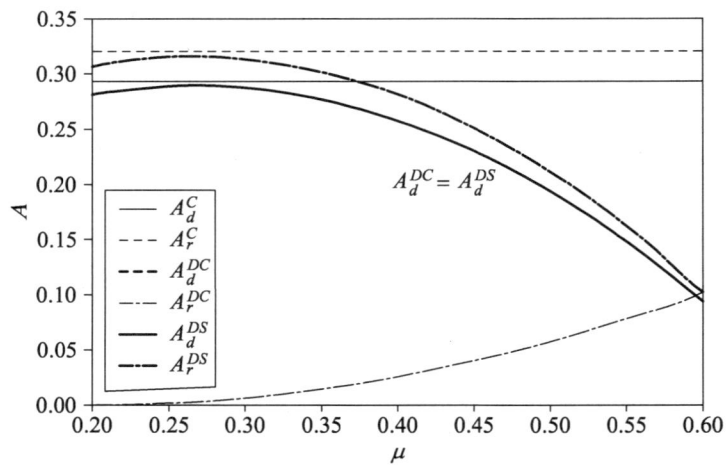

图 4.1 线上与线下广告投入水平与 μ 的关系（$w=1$）

渠道忠诚度的下降，制造商将不再重视线上与线下渠道的广告竞争激烈程度，因而也将同步降低最优线下广告投入水平。

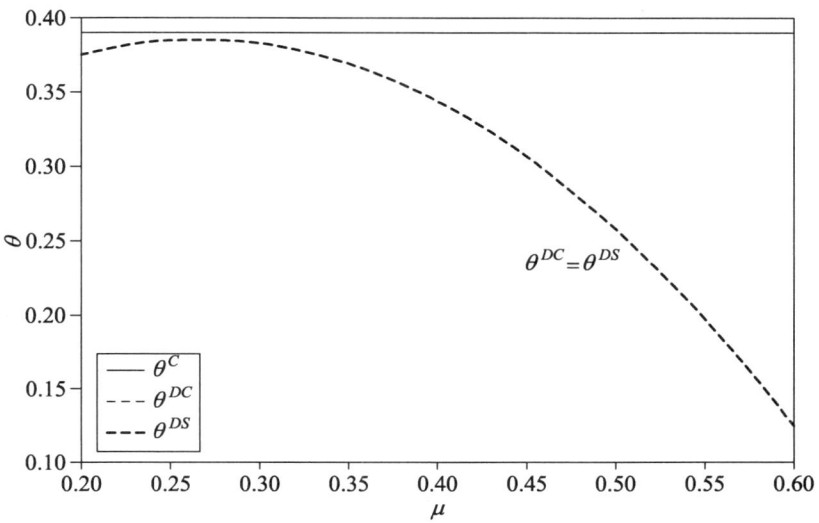

图 4.2 产品低碳水平与 μ 的关系（$w=1$）

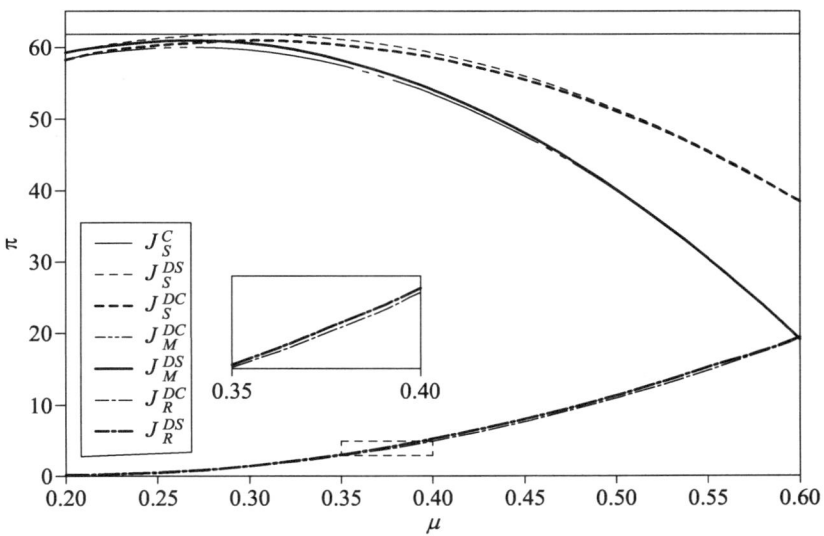

图 4.3 制造商、零售商与供应链的利润与 μ 的关系（$w=1$）

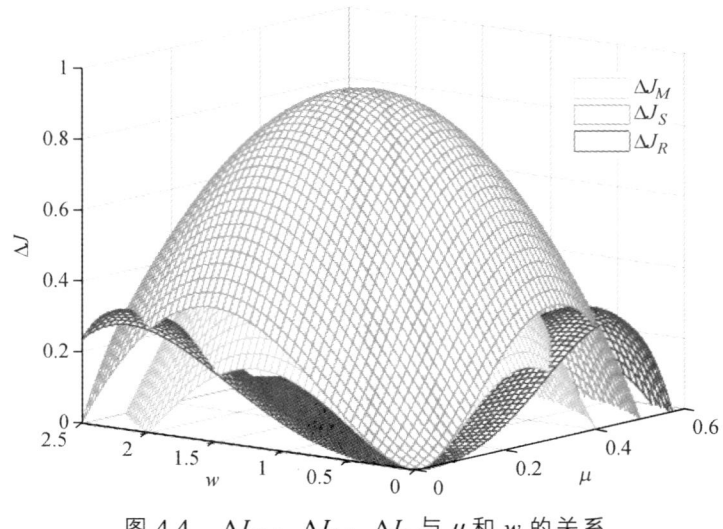

图 4.4 ΔJ_M,ΔJ_S,ΔJ_R 与 μ 和 w 的关系

图 4.2 表明,竞争型广告策略下的最优低碳水平等于支持型广告策略。随着消费者对零售渠道忠诚度的增加,产品最优低碳水平先增后减,这说明一定程度的线上线下渠道竞争有利于改善市场的低碳环境。而当线上线下渠道的竞争加剧时,制造商将聚焦于与零售商的竞争,而忽视对产品低碳研发的投入。

图 4.3 表明,支持型广告策略下的制造商、供应链与零售商的利润均高于竞争型广告策略,这与命题 4.5 一致。随着消费者对零售渠道忠诚度的增加,零售商的利润逐渐增加,而制造商与供应链的利润先增后减,这说明一定程度的线上线下渠道竞争有利于制造商或供应链的利润改善。

图 4.4 进一步地说明了推论 4.2 的结论,即在一定条件下,采用支持型广告策略使得分散式双渠道供应链得到 Pareto 改进。当 μ 或 w 的取值逐渐增加时,ΔJ_M,ΔJ_S,ΔJ_R 依次由正值变为负值,支持型广告策略对双渠道供应链的利润改善效用递减直至为负。

2) 均衡解的迹

图 4.5~图 4.9 分别显示了绿色供应链中产品低碳商誉、消费者低碳感知、产品销量和供应链各成员利润的迹。

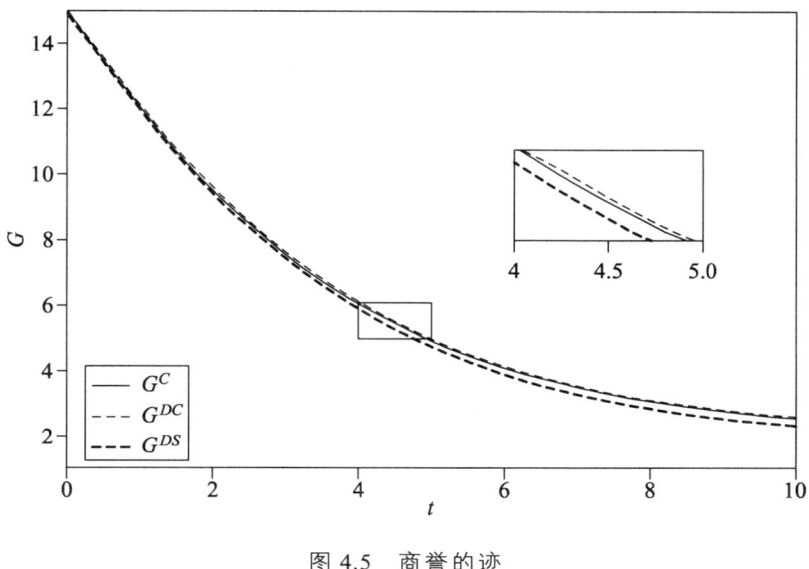

图 4.5 商誉的迹

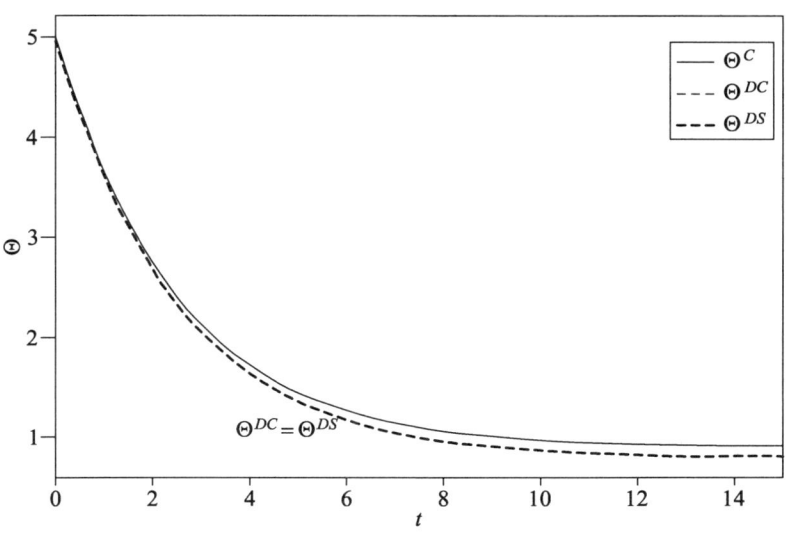

图 4.6 消费者低碳感知的迹

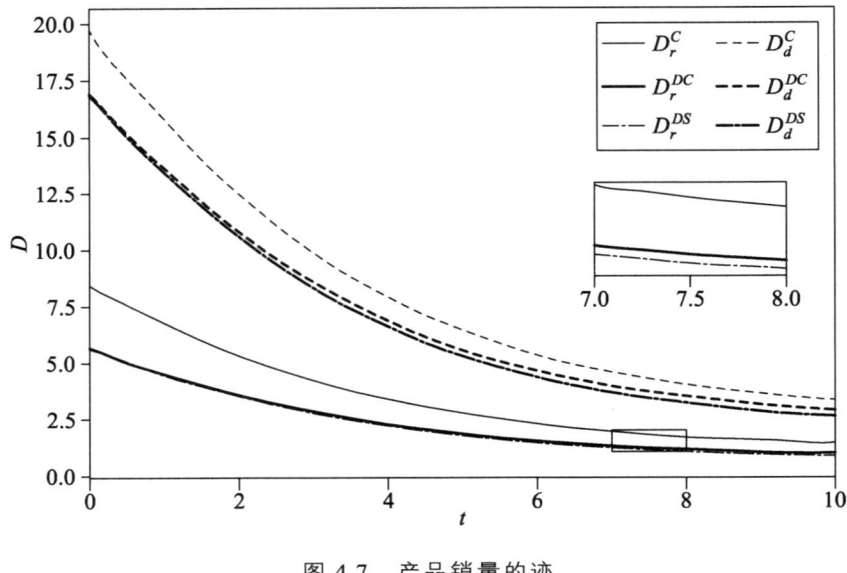

图 4.7 产品销量的迹

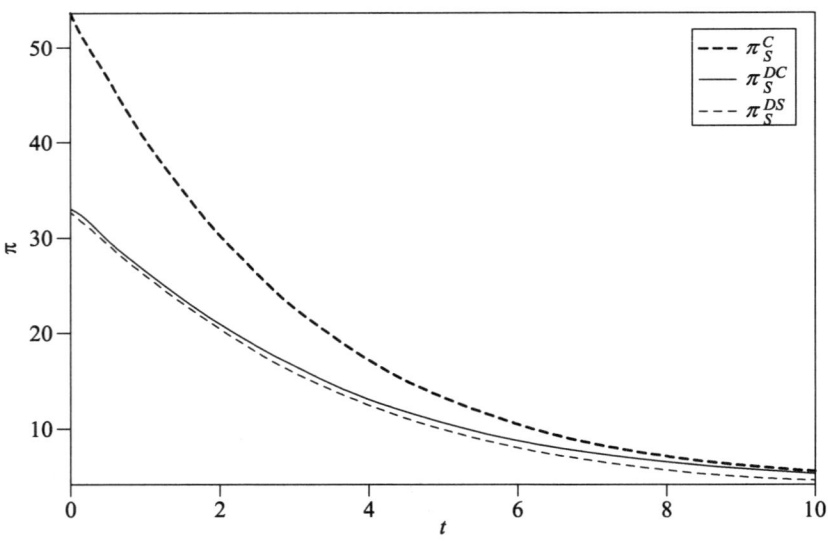

图 4.8 绿色双渠道供应链总利润的迹

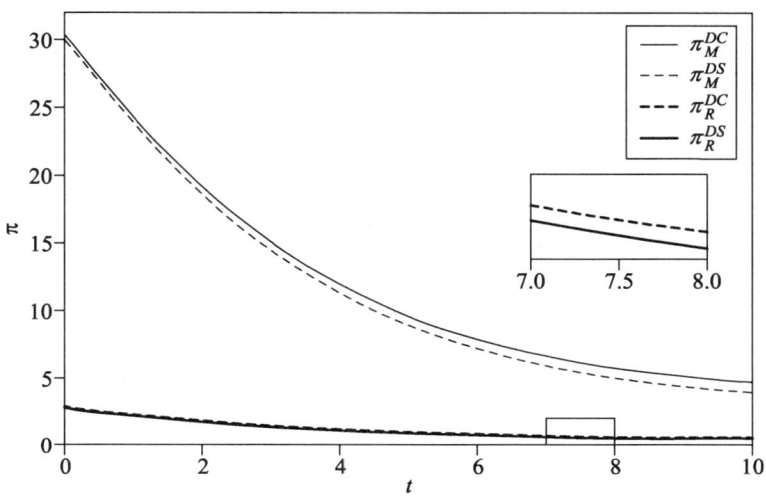

图 4.9 制造商和零售商利润的迹

4.5 本章小结

本章针对由一个制造商与一个零售商组成的双渠道供应链，综合考虑线上与线下广告效应、消费者低碳感知效应等因素对市场需求的影响，将消费者低碳感知以及产品低碳商誉作为状态变量构建微分博弈模型。本章先后讨论了集中式决策、采用竞争型广告策略的分散式决策和采用支持型广告策略的分散式决策下双渠道供应链模型的最优均衡策略，并比较分析了三种决策模型下的最优均衡策略与最优利润。通过对模型的求解与分析得到以下结论：

（1）集中式决策模型的最优产品低碳水平、最优线上与线下广告投入水平均高于分散式决策模型，产品销售价格依赖于参数取值，而与集中式或分散式决策模型无关。

（2）分散式决策模型下，采用竞争型广告策略时，双渠道供应链的产品最优销售价格、最优低碳水平、最优线上广告投入水平与采用支持型广告策略时的双渠道供应链的均衡策略一致。

（3）一定条件下，支持型广告策略将使双渠道供应链得到 Pareto 改进，此时最优线下广告投入优于竞争型广告策略。

5

考虑消费者产品低碳感知和政府低碳奖惩机制的供应链动态决策研究

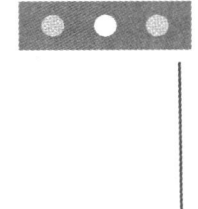

本章针对动态环境下政府低碳政策对双渠道低碳供应链运作策略的影响,基于第 4 章的研究基础和基本模型,进一步考虑了政府低碳奖惩机制下双渠道低碳供应链动态运作策略。针对由一个绿色制造商与一个零售商组成的双渠道低碳供应链,综合考虑线下广告效应、产品低碳水平、产品商誉等因素对市场需求的影响,以及政府低碳奖惩机制对制造商与零售商动态联合减排策略的影响,基于微分博弈理论研究了制造商生产低碳产品与零售商投入低碳广告时的动态联合减排策略。先后讨论了无政府低碳奖惩机制、存在政府低碳奖惩机制但无协调契约、存在政府低碳奖惩机制并采用协调契约等三种模式下双渠道低碳供应链的均衡策略,比较分析了三种模式下的均衡策略和最优利润,并对均衡策略和最优利润的稳态值与瞬态值进行了数值模拟仿真。

5 考虑消费者产品低碳感知和政府低碳奖惩机制的供应链动态决策研究

5.1 引 言

面对日益严峻的环境问题，如何有效降低碳排放成为政府、企业和科研机构关注的重点。政府通过出台相关碳政策法律法规，强制推动企业降低碳排放[167]。2006 年，欧盟发布了针对产品回收和处理义务的《废弃电气电子设备指令》和针对能耗技术壁垒的《用能产品生态设计框架指令》。2015 年，国务院印发《关于加快推进生态文明建设的意见》，指出构建资源消耗低、科技含量高、环境污染少的产业结构。各国政府与机构也不断地研究推出环境规制政策，如碳交易政策[168]、碳税政策[169-171]、低碳补贴[172]等。相较于其他碳政策，低碳补贴（包括奖励和惩罚）具有更好的操作性和经济性[173-174]。另外，研究表明政府干预政策能有效引导消费者的消费行为模式[175]。政府推动企业施行能耗标签、环保标签等，使得消费者能较直观地感知到产品的能耗水平，从而影响消费者购买决策。"中国制造 2025"的一项重要举措便是推行低碳补贴，以实现低碳经济发展目标。电子商务环境下，制造商普遍采用双渠道供应链结构，开辟线上直销渠道，既能扩大市场、提高销量，也能降低销售环节中的碳排放。"双重边际效应"影响下，制造商与零售商的竞合关系深刻影响着双渠道供应链运作方式。而政府参与亦会增加双渠道低碳供应链运作的复杂性。在此背景下，研究政府低碳规制下双渠道低碳供应链决策和协调问题具有重要的学术与应用价值。

国内外学者广泛研究了双渠道供应链中企业的低碳行为。对双渠道供应链成员低碳行为的研究主要集中于制造商单方面低碳减排努力，以及制造商投入减排努力与投入零售商低碳广告的联合减排。在制造商低碳减排努力方面，余利娥等研究了异质消费者具有低碳偏好差异时双渠道供应链定价与生产策略[176]。孙嘉楠和肖忠东研究了消费者具有低碳偏好和渠道偏好时双渠道供应链中制造商的最优减排边界，发现消费者对线上渠道的偏好正向影响最优减排边界[177]。刘名武等研究了消费者具有低碳偏好和渠道偏好时，双渠道供应链渠道合作策略和低碳减排策略，发现受益共享契约能实现供应链 Pareto 改善[178]。在制造商与零售商联合减排方面，周熙登研究了制造商实施产品差异化策略的双渠道供应链中制造商低碳减排策略和零售商低碳宣传策略，发现低碳宣传成本分担契约能实现双渠道供应链协调[179]。黄书真等研究了由一个努力减排的制造商和一个努力促销的零售商组成的双渠道供应链的减排与促销问题，发现减排与促销成本互担契约能同时激励制造商提高减排努力和零售商提高促销努力[180]。周艳菊等基于微分博弈研究了两个制造商和一个共同零售商中制造商存在低碳竞争与合作的联合减排问题[161]。

许多文献还关注了政府低碳政策对供应链成员低碳行为的影响。部分文献研究了政府低碳政策对制造商低碳减排策略的影响。赵丹和戢守峰分别研究了碳税政策、限额与交易政策、碳税与碳交易联合政策下供应商过度自信情形下供应商的最优减排投资策略，认为应加强清洁型企业的碳约束并降低污染型企业的碳约束[181]。龙超和王勇研究了政府碳税和补贴政策下由零售商、制造商和运输商构成的三级供应链的合作减排问题[182]。孙嘉楠和肖忠东分别研究了政府补贴和以奖代惩政策下双渠道供应链中制造商的减排努力策略[134]。支邦东等研究了碳限额与交易机制下供应链最优碳减排策略，并发现成本共担契约能实现供应链协调[183]。少部分文献关注了政府低碳政策对零售商低碳广告投入的影响。Zu 等基于微分博弈研究了政府低碳奖惩机制对供应商和制造商联合减排策略的影响，认为政府低碳奖惩机制不直接影响零售商的低碳广告投入，并认为广告成本分担契约能让零售商从政府低碳规制中获利并实现供应链 Pareto 改进[98]。Wang 等构建了政府领导的政府—制造商—零售商三级供应链决策模型，研究了政府最优碳税策略供应链企业最优运作策略[170]。

此外，部分文献研究了政府低碳政策下双渠道供应链制造商减排努力与零售商广告投入。杨满等针对搭便车行为对双渠道供应链决策的影响，研究了碳税补贴给零售商和碳税共同分担两种碳税模式下制造商减排努力问题[184]。但鲜有文献关注于动态框架下考虑政府低碳奖惩机制的双渠道低碳供应链的联合减排问题。在 Zu 等[98]关于制造商与零售商构成的二级单链供应链研究的基础上，本书刻画了基于微分博弈的政府低碳奖惩机制下的双渠道低碳供应链决策模型。综合考虑线下广告效应、制造商减排努力、产品商誉等因素对市场需求的影响，以及政府低碳奖惩机制对制造商与零售商联合减排策略的影响，本书基于微分博弈理论研究了制造商生产低碳产品与零售商投入低碳广告时的动态联合减排策略。

5.2 模型描述、符号与假设

5.2.1 模型描述

在由政府（G）、制造商（M）和零售商（R）组成的一类特殊供应链中，针对政府低碳补贴政策的影响，考虑制造商减排努力和低碳广告对产品低碳商誉的影响，在动态框架下分别研究了无政府规制、存在政府规制但无协调契约、存在政府规制并采用广告成本分担契约等三种模式下双渠道绿色供应链的动态决策问题。三种模式的博弈顺序如下：

（1）无政府规制：制造商与零售商进行制造商为领导者的Stackelberg博弈。制造商作为领导者以自身利益最大化为目标决定减排水平与产品批发价格；零售商作为追随者，根据制造商的均衡策略决定产品销售价格与线下广告投入水平。

（2）存在政府规制但无协调契约：在政府低碳政策外生的条件下，制造商与零售商进行制造商为领导者的Stackelberg博弈。制造商作为领导者以自身利益最大化为目标决定减排水平与产品批发价格；零售商作为追随者，根据制造商的均衡策略决定产品销售价格与线下广告投入水平。

（3）存在政府规制并采用广告成本分担契约：在政府低碳政策外生的条件下，制造商为减弱供应链竞争而向零售商提供广告成本分担契约；制造商与零售商进行制造商为领导者的Stackelberg博弈，制造商作为领导者以自身利益最大化为目标决定减排水平、产品批发价格与广告成本分担比例；零售商作为追随者，根据制造商的均衡策略决定产品销售价格与线下广告投入水平。

5.2.2 模型符号说明

本章用到的符号说明如下：

1）决策变量

$I(t)$：t时刻制造商减排努力水平；

$A(t)$：t时刻线下广告投入水平；

$w(t)$：t时刻低碳产品批发价格；

$p(t)$：t时刻一致价格策略下低碳产品销售价格。

2）状态变量

$\Theta(t)$：t 时刻产品低碳水平；

$G(t)$：t 时刻低碳产品商誉。

3）供应链参数

$D_r(t)$：t 时刻线下零售渠道低碳产品市场需求量；

$D_d(t)$：t 时刻线上销售渠道低碳产品市场需求量；

C_g，C_a：低碳投入成本和广告投入成本；

K_g，K_a：低碳投入成本系数和广告投入成本系数；

Θ_0：t 时刻制造商初始减排努力水平，即 $\Theta(0) = \Theta_0$；

G_0：t 时刻低碳产品商誉初始值，即 $G(0) = G_0$；

Θ_g：存在政府低碳奖惩机制时，政府设定的产品最低低碳水平；

χ：政府设定的低碳奖惩系数；

φ：采用广告成本分担契约时，零售商承担的广告投入比例；

ε：制造商减排努力水平对产品低碳水平的影响系数；

δ：制造商减排努力水平的自然衰减率；

α，β：线下广告投入与制造商减排努力水平对产品的低碳商誉的影响系数；

τ：商誉的自然衰减率；

η：低碳产品商誉对产品销量的影响系数；

a：低碳产品的潜在市场需求量；

μ：消费者对线下渠道的忠诚度，$0 < \mu < 1$；

b_r，b_d：零售价格对零售渠道销量和线上销售价格对线上渠道销量的影响系数；

k_r，k_d：销售渠道间销售价格的交叉影响因素，$b_r > k_r > 0$，$b_d > k_d > 0$；

ρ：贴现因子；

上标 N, G, C：无政府低碳奖惩机制、存在政府低碳奖惩机制但无协调契约、存在政府低碳奖惩机制和广告成本分担契约等模式下的供应链均衡。

5.2.3 模型假设

为方便讨论，本章做出如下假设：

假设 1 将前文的产品碳足迹定义为产品的低碳水平。制造商通过低碳创新能够提升产品的低碳水平 $\Theta(t)$[126]。将制造商的减排努力水平定义为 $I(t)$。然而，随着时间推移，已有投资设备老化、技术更新速度减慢，产品低碳水平存在自然衰减现象。借鉴文献[68]的处理方法，假设产品低碳水平变化过程的微分方程为

$$\frac{d\Theta(t)}{dt} = \dot{\Theta} = \varepsilon I(t) - \delta \Theta(t) \tag{5.1}$$

假设 2 t 时刻零售商的线下广告投入水平定义为 $A(t)$。假设制造商的低碳减排成本 $C_g(t)$ 与零售商的线下广告投入成本 $C_a(t)$ 分别为制造商减排努力与广告投入水平的凸函数[162]，即 $C_g(t) = \frac{K_g}{2}I(t)^2$ 和 $C_a(t) = \frac{K_a}{2}A(t)^2$。

假设 3 产品低碳水平、零售商的线下广告投放会提升产品的品牌信誉，因而广告投入以及消费者的低碳感知会影响低碳产品的商誉。借鉴文献[126]的处理方法，假设产品的低碳商誉变化过程为

$$\dot{G}(t) = \alpha A(t) + \beta \Theta(t) - \tau G(t) \tag{5.2}$$

假设 4 采用第 4 章的需求函数形式和线上线下一致价格策略，线上渠道与线下渠道的需求函数分别表示为

$$D_r(t) = \eta G(t)(\mu a - bkp(t)) \tag{5.3}$$

$$D_d(t) = \eta G(t)[(1-\mu)a - (1-k)bp(t)] \tag{5.4}$$

假设 5 在无限时间范围内，制造商和零售商在任意时刻均具有相同的贴现因子 $\rho > 0$。制造商低碳减排努力水平 $I(t)$，广告投入水平 $A(t)$，低碳产品批发价格 $w(t)$ 和销售价格 $p(t)$ 为决策变量；产品低碳水平 $\Theta(t)$ 和商誉 $G(t)$ 为状态变量。

因此，零售商、制造商与双渠道供应链系统的长期利润分别为

$$\Pi_M = \int_0^\infty e^{-\delta t}\pi_M(t)dt \tag{5.5}$$

$$\Pi_R = \int_0^\infty e^{-\delta t} \pi_R(t) dt \qquad (5.6)$$

$$\Pi_S = \int_0^\infty e^{-\delta t} \pi_S(t) dt \qquad (5.7)$$

5.3 模型构建与分析

5.3.1 无政府低碳奖惩机制

无政府规制下的双渠道低碳供应链中，制造商与零售商以各自利润最大化为目标进行 Stackelberg 博弈，记为模式 N。此时，博弈过程如下：制造商作为领导者，先决定制造商低碳减排努力水平 I 和批发价格 w；零售商作为追随者，根据制造商的最优决策决定产品的销售价格与广告投入水平 A。此时，制造商与零售商的决策问题如下：

$$\max_{w,I} J_M^N = \int_0^\infty e^{-\rho t} (w^N D_r^N + p^N D_d^N - c_g) dt \qquad (5.8)$$

$$\max_{p,A} J_R^N = \int_0^\infty e^{-\rho t} [(p^N - w^N) D_r^N - c_a] dt \qquad (5.9)$$

命题 5.1 当 $\dfrac{k}{2} < \mu < \min\left\{1, \dfrac{k}{1-k}, \dfrac{k+\sqrt{k^2+k}}{2}\right\}$ 时，无政府规制下的双渠道低碳供应链的博弈均衡策略如下：

（1）最优批发价格、最优销售价格、最优减排努力水平和最优广告投入水平分别为

$$w^N = \frac{a(k-\mu+\mu k)}{bk(k+1)}, \quad p^N = \frac{a(2\mu+1)}{2b(k+1)}, \quad I^N = \frac{\beta \varepsilon a^2 B_2 B_3}{K_g}, \quad A^N = \frac{\alpha a^2 B_1 B_4}{K_a}$$

其中 $B_1 = \dfrac{\eta}{4bk(k+1)(\rho+\tau)}$，$B_2 = \dfrac{\eta}{4bk(\rho+\tau)(k+1)(\rho+\delta)}$，$B_3 = 4\mu k + k - 4\mu^2$，$B_4 = \dfrac{(k-2\mu)^2}{k+1}$。

（2）产品低碳水平的最优轨迹为

$$\Theta^N(t) = \Theta_\infty^N + (\Theta_0 - \Theta_\infty^N) e^{-\delta t}$$

其中 $\Theta_\infty^N = \dfrac{\beta\eta\varepsilon^2 a^2 B_2 B_3}{\delta K_g}$。

（3）产品低碳商誉的最优轨迹为

$$G^N(t) = G_\infty^N + \dfrac{\beta(\Theta_0 - \Theta_\infty^N)}{\tau - \delta} \mathrm{e}^{-\delta t} + \left[G_0 - G_\infty^N - \dfrac{\beta(\Theta_0 - \Theta_\infty^N)}{\tau - \delta} \right] \mathrm{e}^{-\tau t}$$

其中 $G_\infty^N = \dfrac{1}{\tau}\left(\dfrac{\alpha^2 a^2 B_1 B_4}{K_a} + \dfrac{\beta^2 \varepsilon^2 a^2 B_2 B_3}{\delta\tau K_g} \right)$。

（4）制造商和零售商的最优利润为

$$J_M^N = (G_0\delta + G_0\rho + \beta\Theta_0)a^2 B_2 B_3 + \dfrac{\alpha^2 a^4 B_1^2 B_3 B_4}{\rho K_a} + \dfrac{\beta^2 \varepsilon^2 a^4 B_2^2 B_3^2}{2\rho K_g}$$

$$J_R^N = [(\rho + \delta)G_0 + \beta\Theta_0]a^2 B_2 B_4 + \dfrac{\alpha^2 a^4 B_1^2 B_4^2}{2\rho K_a} + \dfrac{\beta^2 \varepsilon^2 a^4 B_2^2 B_3 B_4}{\rho K_g}$$

证明 记 t 时刻无政府规制下的双渠道低碳供应链中，制造商与零售商的最优价值函数为 $J_M^N(\Theta, G) = \mathrm{e}^{-\rho t} V_M^N(\Theta, G)$ 和 $J_R^N(\Theta, G) = \mathrm{e}^{-\rho t} V_R^N(\Theta, G)$。$V_M^N(\Theta, G)$，$V_R^N(\Theta, G)$ 对于任意 $\Theta \geqslant 0$ 和 $G \geqslant 0$ 都满足 HJB 方程，即

$$\delta V_M = \max\{\pi_M + V'_{M\Theta}\dot{\Theta} + V'_{MG}\dot{G}\} \quad (5.10)$$

$$\delta V_R = \max\{\pi_R + V'_{R\Theta}\dot{\Theta} + V'_{RG}\dot{G}\} \quad (5.11)$$

根据逆推法，先求得零售商的利润函数。对式（5.11）右侧关于 A 和 p 分别求二阶偏导，可得 Hessian 矩阵：

$$\boldsymbol{H}_{V_R} = \begin{pmatrix} \dfrac{\partial^2 V_r}{\partial A^2} & \dfrac{\partial^2 V}{\partial A \partial p} \\ \dfrac{\partial^2 V}{\partial A \partial p} & \dfrac{\partial^2 V_r}{\partial p^2} \end{pmatrix} = \begin{pmatrix} -K_a & 0 \\ 0 & -2\eta bkG \end{pmatrix}$$

显然，$\boldsymbol{H}_{V_R}$ 是负定的，因此是关于 A 和 p 的严格凸函数，存在最优解。对式（5.11）右侧关于 A 和 p 分别求一阶偏导，可得

$$\dfrac{\partial V_R}{\partial A} = \alpha V'_{RG} - K_a A, \quad \dfrac{\partial V_R}{\partial p} = \eta G[a\mu - bk(2p - w)]$$

分别令其为 0，联立求解可得

$$A = \frac{\alpha V'_{RG}}{K_a} \quad (5.12)$$

$$p = \frac{a\mu + bkw}{2bk} \quad (5.13)$$

将式（5.12）和式（5.13）代入式（5.10），分别求 w 和 I 的二阶偏导，可得 Hessian 矩阵：

$$\boldsymbol{H}_{V_M} = \begin{pmatrix} \dfrac{\partial^2 V_M}{\partial w^2} & \dfrac{\partial^2 V_M}{\partial w \partial I} \\ \dfrac{\partial^2 V_M}{\partial w \partial I} & \dfrac{\partial^2 V_M}{\partial I^2} \end{pmatrix} = \begin{pmatrix} -\dfrac{\eta b G(1+k)}{2} & 0 \\ 0 & -K_g \end{pmatrix}$$

显然，$\boldsymbol{H}_{V_M}$ 是负定的，因此是关于 w 和 I 的严格凸函数，存在最优解。对式（5.10）右侧关于 w 和 I 分别求一阶偏导，可得

$$\frac{\partial V_M}{\partial w} = \frac{\eta G\{[(\mu+1)a - bw]k - bk^2 w - a\mu\}}{2k}, \quad \frac{\partial V_M}{\partial I} = \varepsilon V'_{MG} - K_g I$$

联立求解可得

$$w = \frac{a(k\mu + k - \mu)}{bk(k+1)} \quad (5.14)$$

$$I = \frac{\varepsilon V'_{M\Theta}}{K_g} \quad (5.15)$$

由 $p > w > 0$，可得 $\dfrac{k}{2} = \mu_1 < \mu < \mu_2 = \dfrac{k}{1-k}$。将式（5.12）~式（5.15）代入式（5.10）和式（5.11），整理可得

$$\rho V_M = (\beta V'_{MG} - \delta V'_{M\Theta})\Theta + \frac{\{k[(4\mu+1)\eta a^2 - 4\tau b V'_{MG}] - 4\tau bk^2 V'_{MG} - 4\eta\mu^2 a^2\}G}{4kb(k+1)} +$$

$$\frac{\varepsilon^2 K_a V'^2_{M\Theta} + 2\alpha^2 K_g V'_{MG} V'_{RG}}{2 K_a K_g} \quad (5.16)$$

$$\rho V_R = (\beta V'_{RG} - \delta V'_{R\Theta})\Theta - \frac{[4bk\tau V'_{RG}(k+1)^2 - \eta a^2(k-2\mu)^2]G}{4bk(k+1)^2} +$$

$$\frac{2\varepsilon^2 K_a V'_{M\Theta} V'_{R\Theta} + \alpha^2 K_g V'^2_{RG}}{2K_g K_a} \quad (5.17)$$

根据式（5.16）和式（5.17）的结构，假设 $V_M^N(\Theta,G)$ 和 $V_R^N(\Theta,G)$ 关于 Θ 和 G 的线性表达式为

$$V_M^N = m_1 G + m_2 \Theta + m_3 \quad (5.18)$$

$$V_R^N = n_1 G + n_2 \Theta + n_3 \quad (5.19)$$

其中，m_1，m_2，m_3，n_1，n_2，n_3 分别为常数。将式（5.18）和式（5.19）代入式（5.16）和式（5.17），整理后可得

$$\rho(m_1 G + m_2 \Theta + m_3)$$
$$= (\beta m_1 - \delta m_2)\Theta + \frac{\{k[(4\mu+1)\eta a^2 - 4m_1\tau b] - 4bk^2 m_1 \tau - 4a^2 \eta \mu^2\}G}{4bk(k+1)} +$$

$$\frac{K_a m_2^2 \varepsilon^2 + 2m_1 n_1 \alpha^2 K_g}{2K_g K_a} \quad (5.20)$$

$$\rho(n_1 G + n_2 \Theta + n_3)$$
$$= \Theta(\beta n_1 - \delta n_2) + \frac{[(a^2\eta - 8bn_1\tau)k^2 - 4bk^3 n_1\tau - 4k(a^2\eta\mu + bn_1\tau) + 4a^2\eta\mu^2]G}{4bk(k+1)^2} +$$

$$\frac{\alpha^2 n_1^2}{2K_a} + \frac{a^2 \beta \eta n_2 \varepsilon^2 (4k\mu - 4\mu^2 + k)}{4bk(\rho+\delta)(\rho+\tau)K_g(k+1)} \quad (5.21)$$

由待定系数法得

$$\begin{cases} m_1 = \dfrac{(4k\mu - 4\mu^2 + k)a^2\eta}{4bk(\rho+\tau)(k+1)} \\ m_2 = \dfrac{a^2\beta\eta(4k\mu - 4\mu^2 + k)}{4bk(\rho+\delta)(\rho+\tau)(k+1)} \\ n_1 = \dfrac{(k-2\mu)^2 a^2\eta}{4bk(k+1)^2(\rho+\tau)} \\ n_2 = \dfrac{a^2\beta\eta(k-2\mu)^2}{4bk(k+1)^2(\rho+\delta)(\rho+\tau)} \end{cases} \quad (5.22)$$

将式（5.22）代入式（5.12）~式（5.15），可得制造商与零售商的均衡策略，如命题 5.1（1）所示。为了保证各决策变量为正值，由 $B_3 > 0$ 可得 $0 \leq \mu < \mu_3 = \dfrac{k + \sqrt{k^2 + k}}{2}$，综合可得 $\dfrac{k}{2} < \mu < \min\left\{1, \dfrac{k}{1-k}, \dfrac{k + \sqrt{k^2 + k}}{2}\right\}$。将制造商与零售商的均衡策略代入式（5.1）和式（5.2），可得产品低碳水平轨迹和产品低碳商誉轨迹，如命题 5.1（2）和（3）所示。将产品低碳水平与产品低碳商誉的最优轨迹代入式（5.8）和式（5.9），可得无政府规制下双渠道低碳供应链中制造商与零售商的最优利润。

5.3.2 政府低碳奖惩机制

政府规制下，政府通过设置产品最低低碳水平 Θ_g 和奖励/惩罚系数 χ 来引导制造商投入低碳创新：当 t 时刻产品低碳水平 $\Theta(t)$ 高于 Θ_g 时，制造商可获得奖励/补贴 $\chi[\Theta(t) - \Theta_g]$；而当产品低碳水平 $\Theta(t)$ 低于 Θ_g 时，制造商则被惩罚 $\chi[\Theta(t) - \Theta_g]$。双渠道低碳供应链中，制造商与零售商以各自利润最大化为目标进行 Stackelberg 博弈，记为模式 G。此时，博弈过程如下：制造商作为领导者，先决定制造商低碳减排努力水平 I 和批发价格 w；零售商作为追随者，根据制造商的最优决策决定产品的销售价格与广告投入水平 A。此时，制造商与零售商的决策问题如下：

$$\max_{w,I} J_M^G = \int_0^\infty e^{-\rho t}[w^G D_r^G + p^G D_d^G - c_g + \chi(\Theta - \Theta_g)]dt \quad (5.23)$$

$$\max_{p,A} J_R^G = \int_0^\infty e^{-\rho t}[(p^G -)w^G D_r^G - c_a]dt \quad (5.24)$$

命题 5.2 当 $\dfrac{k}{2} < \mu < \min\left\{1, \dfrac{k}{1-k}, \dfrac{k + \sqrt{k^2 + k}}{2}\right\}$ 时，存在政府低碳规则且无协调契约的双渠道低碳供应链的博弈均衡策略如下：

（1）最优批发价格、最优销售价格、最优制造商低碳减排努力水平和最优广告投入水平分别为

$$w^G = \frac{a(k - \mu + \mu k)}{bk(k+1)}, \quad p^G = \frac{a(2\mu + 1)}{2b(k+1)},$$

$$I^G = \frac{\varepsilon \beta a^2 B_2 B_3}{K_g} + \frac{\varepsilon \chi}{(\delta+\rho)K_g}, \quad A^G = \frac{a^2 B_1 B_4}{K_a}$$

（2）产品低碳水平的最优轨迹为

$$\Theta^G(t) = \Theta_\infty^G + (\Theta_0 - \Theta_\infty^G)e^{-\delta t}$$

其中 $\Theta_\infty^G = \dfrac{\varepsilon^2 a^2 \beta B_2 B_3}{\delta K_g} + \dfrac{\chi \varepsilon^2}{\delta(\delta+\rho)K_g}$。

（3）产品低碳商誉的最优轨迹为

$$G^G(t) = G_\infty^G + \frac{\beta(\Theta_0 - \Theta_\infty^G)}{\tau - \delta}e^{-\delta t} + \left[G_0 - G_\infty^G - \frac{\beta(\Theta_0 - \Theta_\infty^G)}{\tau - \delta}\right]e^{-\tau t}$$

其中 $G_\infty^G = \dfrac{1}{\tau}\left[\dfrac{\alpha^2 a^2 B_1 B_4}{K_a} + \dfrac{\beta^2 \varepsilon^2 a^2 B_2 B_3}{\delta K_g} + \dfrac{\beta \chi \varepsilon^2}{\delta(\delta+\rho)K_g}\right]$。

（4）制造商和零售商的最优利润为

$$J_M^G = \frac{[(2\Theta_0 - \Theta_g)\rho + (\Theta_0 - \Theta_g)\delta]\chi}{\rho(\rho+\delta)} + a^2[(\rho+\delta)G_0 + \beta\Theta_0]B_2 B_3 +$$

$$\frac{\alpha^2 a^4 B_1^2 B_3 B_4}{\rho K_a} - \frac{\varepsilon^2}{K_g}\left[\frac{(2\rho+\delta)\chi^2}{2\delta\rho(\rho+\delta)^2} + \frac{\beta \chi a^2 B_2 B_3}{\delta(\rho+\delta)} - \frac{\beta^2 a^4 B_2^2 B_3^2}{2\rho}\right],$$

$$J_R^G = [(\rho+\delta)G_0 + \beta\Theta_0]a^2 B_2 B_4 + \frac{\alpha^2 a^4 B_1^2 B_2^2}{2\rho K_a} +$$

$$\frac{\beta \chi \varepsilon^2 a^2 B_2 B_4}{\rho(\rho+\delta)K_g} + \frac{\beta^2 \varepsilon^2 a^4 B_2^2 B_3 B_4}{\rho K_g}$$

（证明过程同命题 5.1，略。）

5.3.3 政府低碳奖惩机制和广告成本分担契约

上小节中，制造商是政府规制下的直接受益人；而零售商作为双渠道低碳供应链中的重要参与方，投入低碳广告扩大低碳产品销售市场，却被排除在政府规制体系中，这将有损零售商的积极性，导致模式 G 中的广告投入水平与模式 N 的一致。因此，本小节构建了政府规制下广告成本分担契约，通过制造商与零售商的成本分担实现利润合理转移，鼓励零售商提高广告投入水平。此时，制造商与零售商的博弈过程如下：制造商作为领导者，先决定最优产品批发价格，最优制造商低碳减排努力水平和成本分担系数；零售商作为追随者，根据制造商的最优决策决定产品销售价格和广告投入水平，记为模式 C。此时，制造商与零售商的决策问题如下：

$$\max_{w,\theta} J_M^C = \int_0^\infty e^{-\rho t}[w^C D_r^C + p^C D_d^C - (1-\varphi)c_g + \chi(\Theta-\Theta_g)]dt \quad (5.25)$$

$$\max_{p,A} J_R^C = \int_0^\infty e^{-\rho t}[(p^C-)w^C D_r^C - \varphi c_a]dt \quad (5.26)$$

命题 5.3 当 $\frac{k}{2} < \mu < \min\left\{1, \frac{k}{1-k}, \frac{k}{2} + \frac{(k+1)\sqrt{k}}{\sqrt{2(2k+1)}}\right\}$ 时，存在政府低碳奖惩机制和广告成本分担契约的双渠道低碳供应链的博弈均衡策略如下：

（1）最优批发价格、最优销售价格、最优制造商低碳减排努力水平、最优广告投入水平、最优广告投入成本分担系数分别为

$$w^C = \frac{a(k-\mu+\mu k)}{bk(k+1)}, \quad p^C = \frac{a(2\mu+1)}{2b(k+1)}, \quad I^C = \frac{\beta\varepsilon a^2 B_2 B_3}{K_g} + \frac{\varepsilon\chi}{kK_g(\delta+\rho)},$$

$$A^C = \frac{\alpha a^2 B_1 B_5}{2K_a}, \quad \varphi = \frac{2(k+1)(k-2\mu)^2}{B_5}$$

（2）产品低碳水平的最优轨迹为

$$\Theta^C(t) = \Theta_\infty^C + (\Theta_0 - \Theta_\infty^C)e^{-\delta t}$$

其中 $\Theta_\infty^C = \frac{\beta\varepsilon^2 a^2 B_2 B_3}{\delta K_g} + \frac{\chi\varepsilon^2}{\delta k K_g(\delta+\rho)}$。

（3）产品低碳商誉的最优轨迹为

$$G^C(t) = G_\infty^C + \frac{\beta(\Theta_0-\Theta_\infty^C)}{\tau-\delta}e^{-\delta t} + \left[G_0 - G_\infty^C - \frac{\beta(\Theta_0-\Theta_\infty^C)}{\tau-\delta}\right]e^{-\tau t}$$

其中 $G_\infty^C = \frac{\beta\chi\varepsilon^2}{\delta\tau(\delta+\rho)K_g} + \frac{\beta^2\varepsilon^2 a^2 B_2 B_3}{\delta\tau K_g} + \frac{\alpha^2 a^2[4\mu(2k+1)(k-\mu)+3k^2+2k]B_1}{2\tau K_a(k+1)}$。

(4)制造商、零售商和供应链系统的最优利润为

$$J_M^C = \chi\left(\frac{\Theta_0}{\delta+\rho} + \frac{\Theta_0 - \Theta_g}{\rho}\right) + [(\delta+\rho)G_0 + \gamma\Theta_0]B_2B_3a^2 + \frac{B_5 B_1^2 B_3 a^4 \alpha^2}{2\rho K_a} +$$
$$\frac{\varepsilon^2}{\rho\delta K_g}\left[\frac{(\delta\varphi - \delta - 2\rho)\chi^2}{2(\delta+\rho)^2} + \frac{\chi(\beta\delta\varphi - \gamma\rho)a^2 B_2 B_3}{(\delta+\rho)} + \right.$$
$$\left.\frac{\beta(B_5 + \beta\delta\varphi)B_2^2 B_3^2 a^4}{2\delta}\right]$$

$$J_R^C = [(\rho+\delta)G_0 + \beta\Theta_0]a^2 B_2 B_4 + \frac{a^4\alpha^2 B_1^2 B_5}{2\rho K_a}\left(B_4 - \frac{\varphi B_5}{4}\right) +$$
$$\frac{\beta a^2 \varepsilon^2 B_2 B_4}{\rho K_g}\left[\frac{\chi}{(\rho+\delta)} + \beta a^2 B_2 B_3\right]$$

其中 $B_5 = \dfrac{8k^2\mu - 8k\mu^2 + 3k^2 + 4k\mu - 4\mu^2 + 2k}{k+1}$。

证明 记 t 时刻政府低碳奖惩机制和广告成本分担契约下的双渠道低碳供应链中,制造商与零售商的最优价值函数为 $J_M^C(\Theta,G) = \mathrm{e}^{-\rho t} V_M^C(\Theta,G)$ 和 $J_R^C(\Theta,G) = \mathrm{e}^{-\rho t} V_R^C(\Theta,G)$。$V_M^C(\Theta,G)$ 和 $V_R^C(\Theta,G)$ 对于任意 $\Theta \geq 0$ 和 $G \geq 0$ 都满足 HJB 方程,即

$$\delta V_M = \max\{\pi_M + V'_{M\Theta}\dot{\Theta} + V'_{MG}\dot{G}\} \quad (5.27)$$

$$\delta V_R = \max\{\pi_R + V'_{R\Theta}\dot{\Theta} + V'_{RG}\dot{G}\} \quad (5.28)$$

根据逆推法,先求得零售商的反应函数。对式(5.28)右侧关于 A 和 p 分别求二阶偏导,可得 Hessian 矩阵:

$$\boldsymbol{H}_{V_R} = \begin{pmatrix} \dfrac{\partial^2 V_r}{\partial A^2} & \dfrac{\partial^2 V}{\partial A \partial p} \\ \dfrac{\partial^2 V}{\partial A \partial p} & \dfrac{\partial^2 V_r}{\partial p^2} \end{pmatrix} = \begin{pmatrix} -K_a & 0 \\ 0 & -2\eta bkG \end{pmatrix}$$

显然,$\boldsymbol{H}_{V_R}$ 是负定的,因此是关于 A 和 p 的严格凸函数,存在最优解。对式(5.28)右侧关于 A 和 p 分别求一阶偏导,可得

$$\frac{\partial V_R}{\partial A} = \alpha V'_{RG} - \varphi K_a A$$

$$\frac{\partial V_R}{\partial p} = \eta G[a\mu - bk(2p - w)]$$

分别令其为 0，联立求解可得

$$A = \frac{\alpha V'_{RG}}{\varphi K_a} \quad (5.29)$$

$$p = \frac{a\mu + bkw}{2bk} \quad (5.30)$$

将式（5.29）和式（5.30）代入式（5.27），对式（5.27）右侧分别求 w，I 和 φ 的二阶偏导，可得 Hessian 矩阵：

$$\boldsymbol{H}_{V_M} = \begin{pmatrix} \dfrac{\partial^2 V_M}{\partial w^2} & \dfrac{\partial^2 V_M}{\partial w \partial I} & \dfrac{\partial^2 V_M}{\partial w \partial \varphi} \\ \dfrac{\partial^2 V_M}{\partial w \partial I} & \dfrac{\partial^2 V_M}{\partial I^2} & \dfrac{\partial^2 V_M}{\partial I \partial \varphi} \\ \dfrac{\partial^2 V_M}{\partial w \partial \varphi} & \dfrac{\partial^2 V_M}{\partial I \partial \varphi} & \dfrac{\partial^2 V_M}{\partial \varphi^2} \end{pmatrix}$$

$$= \begin{pmatrix} -\dfrac{\eta b G(k+1)}{2} & 0 & 0 \\ 0 & -K_g & 0 \\ 0 & 0 & \dfrac{\alpha^2 V'_{RG}[(\varphi - 3)V'_{RG} + 2\varphi V'_{MG}]}{\varphi^4 K_a} \end{pmatrix}$$

显然，当 $0 < \varphi < \dfrac{3V'_{RG}}{V'_{RG} + 2V'_{MG}}$ 时，$\boldsymbol{H}_{V_M}$ 负定，因此是关于 w，I 和 φ 的严格凸函数，存在唯一最优解。对式（5.27）右侧分别求 w，φ 和 I 的一阶偏导，可得

$$\frac{\partial V_M}{\partial w} = \frac{\eta G\{k[(\mu + 1)a - bw] - bk^2 w - a\mu\}}{2k},$$

$$\frac{\partial V_M}{\partial \varphi} = \frac{\alpha^2 V'_{RG}[2V'_{RG} - \varphi(2V'_{MG} + V'_{RG})]}{2\varphi^3 K_a}, \quad \frac{\partial V_M}{\partial I} = \varepsilon V'_{M\Theta} - K_g I$$

分别令其为 0，联立求解可得

$$I = \frac{\varepsilon V_{M\Theta}}{K_g} \qquad (5.31)$$

$$\varphi = \frac{2V'_{RG}}{2V'_{MG} + V'_{RG}} \qquad (5.32)$$

$$w = \frac{a(k\mu + k - \mu)}{bk(k+1)} \qquad (5.33)$$

将式（5.29）~式（5.33）分别代入式（5.27）和式（5.28），整理可得

$$\rho V_M = (\beta V'_{MG} - \delta V'_{M\Theta} + \chi)\Theta +$$

$$\frac{\{k[\eta a^2(4\mu+1) - 4\tau b V'_{MG}] - 4\tau b k^2 V'_{MG} - 4\eta \mu^2 a^2\}G}{4bk(k+1)} +$$

$$\frac{[\alpha^2(2V'_{MG} + V'_{RG})^2 - 8\chi K_a \Theta_g]K_g + 4\varepsilon^2 K_a V'^2_{M\Theta}}{8K_a K_g} \qquad (5.34)$$

$$\rho V_R = \Theta(\beta V'_{RG} - \delta V'_{R\Theta}) -$$

$$\frac{[4\tau b k(k+1)^2 V'_{RG} - \eta a^2 (k - 2\mu)^2]G}{4bk(k+1)^2} +$$

$$\frac{\alpha^2 V'_{RG}(2V'_{MG} + V'_{RG})}{4K_a} + \frac{V'_{R\Theta} V'_{M\Theta} \varepsilon^2}{K_g} \qquad (5.35)$$

根据式（5.34）和式（5.35）的结构，假设 $V_M^C(\Theta, G)$ 和 $V_R^C(\Theta, G)$ 关于 Θ 和 G 的线性表达式为

$$V_M^C = m_1 G + m_2 \Theta + m_3 \qquad (5.36)$$

$$V_R^C = n_1 G + n_2 \Theta + n_3 \qquad (5.37)$$

其中，$m_1, m_2, m_3, n_1, n_2, n_3$ 分别为常数。将式（5.36）和式（5.37）代入式（5.34）和式（5.35），整理得

$$\rho(m_1 G + m_2 \Theta + m_3)$$
$$= \Theta(\beta m_1 - \delta m_2 + \chi) + \frac{\{[\eta a^2(4\mu+1) - 4\tau b m_1]k - 4\tau b m_1 k^2 - 4\eta \mu^2 a^2\}G}{4k(k+1)b} +$$
$$\frac{[\alpha^2(2m_1+n_1)^2 - 8\chi \Theta_g K_a]K_g + 4\varepsilon^2 m_2^2 K_a}{8K_a K_g} \tag{5.38}$$

$$\rho(n_1 G + n_2 \Theta + n_3)$$
$$= \Theta(\beta n_1 - \delta n_2) - \frac{[4\tau b k n_1(k+1)^2 - \eta a^2(k-2\mu)^2]G}{4bk(k+1)^2} +$$
$$\frac{\alpha^2 n_1(2m_1+n_1)}{4K_a} + \frac{\varepsilon^2 m_2 n_2}{K_g} \tag{5.39}$$

由待定系数法得

$$\begin{cases} m_1 = \dfrac{\eta a^2(4k\mu - 4\mu^2 + k)}{4bk(\rho+\tau)(k+1)} \\ m_2 = \dfrac{\beta \eta a^2(4k\mu - 4\mu^2 + k) + 4\chi bk(k+1)(\rho+\tau)}{4bk(\rho+\tau)(k+1)(\delta+\rho)} \\ n_1 = \dfrac{\eta a^2(k-2\mu)^2}{4bk(k+1)^2(\rho+\tau)} \\ n_2 = \dfrac{\eta \beta a^2(k-2\mu)^2}{4bk(\rho+\tau)(\delta+\rho)(k+1)^2} \end{cases} \tag{5.40}$$

将式（5.40）代入式（5.29）~式（5.33），可得存在政府低碳奖惩机制和广告投入成本分担契约的双渠道低碳供应链中制造商与零售商的均衡策略，如命题 5.3（1）所示。为了保证各决策变量为正值，由 $B_5 > 0$，可得 $0 \leqslant \mu < \mu_4 = \dfrac{k}{2} + \dfrac{(k+1)\sqrt{k}}{\sqrt{2(2k+1)}}$。又 $\mu_4 - \mu_3 = \dfrac{\sqrt{k(k+1)}(\sqrt{2k+2} - \sqrt{2k+1})}{2\sqrt{2k+1}} > 0$，因此 $\mu_4 > \mu_3$。又 $\mu \leqslant 1$，综合可得 $\dfrac{k}{2} < \mu < \min\left\{1, \dfrac{k}{1-k}, \dfrac{k}{2} + \dfrac{(k+1)\sqrt{k}}{\sqrt{2(2k+1)}}\right\}$。将制造商与零售商的均衡策略代入式（5.1）和式（5.2），可得制造商低碳减排努力水平轨迹和产品低碳商誉轨迹，如命题5.3（2）和（3）所示。将上述均衡策略与轨迹代入式（5.25）和式（5.26），可得制造商与零售商的最优利润。

5.3.4 结果分析

推论 5.1 三种模式下双渠道低碳供应链的均衡策略对比：

（1） $w^N = w^G = w^C$。

（2） $p^N = p^G = p^C$。

（3） $I^C = I^G > I^N$。

（4）最优广告策略对比：① $A^G = A^N$；② 当满足 $\mu_1 \leqslant \mu < \min\{1, \mu_4\}$ 时，$A^C > A^G$，当满足 $\begin{cases} \mu_4 \leqslant \mu < 1, & \mu_4 < 1 \\ \varnothing, & \mu_4 \geqslant 1 \end{cases}$ 时，$A^C < A^G$。

证明 三种模式下双渠道低碳供应链的均衡策略如下：

（1） $w^N - w^G = 0$，$w^G - w^C = 0$，则 $w^N = w^G = w^C$。

（2） $p^N - p^G = 0$，$p^G - p^C = 0$，则 $p^N = p^G = p^C$。

（3） $I^C - I^G = 0$，$I^G - I^N = \dfrac{\chi \varepsilon}{K_g(\delta + \rho)} > 0$，则 $I^C = I^G > I^N$。

（4） $A^G - A^N = 0$，则 $A^G = A^N$。

又 $A^C - A^G = \dfrac{\eta a^2 \alpha [4\mu(2k+3)(k-\mu) + k^2 + 2k]}{8bkK_a(\rho + \tau)(k+1)^2}$，则

当 $\mu_1 \leqslant \mu < \min\{1, \mu_4\}$ 时，$A^C > A^G$，如图 5.1 区域 Ⅱ 所示；

当 $\begin{cases} \mu_4 \leqslant \mu \leqslant 1, & \mu_4 \leqslant 1 \\ \varnothing, & \mu_4 > 1 \end{cases}$ 时，$A^C < A^G$，如图 5.1 区域 Ⅰ 所示。

从推论 5.1（1）和（2）可以看出，三种模式下的低碳产品最优批发价格和最优销售价格一致。推论 5.1（3）表明，政府低碳奖惩机制下制造商会提高减排努力水平，由此会生产更为低碳的低碳产品，这可以帮助制造商获得更多的低碳奖励或者减少低碳惩罚。同时，制造商是否采用广告投入成本分担契约不影响制造商的低碳减排努力策略。自上而下的环境政策是影响制造商减排策略的核心要素，政府环境政策通过调控产品技术标准直接影响制造商与零售商所构成供应链的外部市场环境。而制造商与下游零售商间的合作关系属于后端的营销策略内容，不影响前端的产品设计策略。事实上，面对政府日益严厉的环境政策的是整个产业而非孤立实体。在水泥、造纸、纺织等高能耗高污染产业中，在政

府严厉的环境政策下许多不达标企业纷纷被取缔，其他企业则通过技术引进或通过技术创新或通过设备更新来降低排放或减少污染源，以提升环境友好性并增强市场竞争力。推论 5.1（4）表明，有无政府低碳奖惩机制不影响零售商的广告投入策略，这是由于零售商不受政府规制直接影响。而当制造商提供广告投入成本分担契约时，零售商会根据市场环境改变最优广告策略，如图 5.1 所示。这说明采用广告投入成本分担契约不一定能有效改善零售商的广告投入水平。在由政府、制造商与零售商构成的特殊供应链中，政府作为环境政策指定者，直接影响制造商与零售商所构成的次级供应链的外部环境，但不影响该次级供应链的内部协同机制。这说明制造商与零售商之间的协作机制具有较高的稳定性，是由两者之间的竞合关系决定的。

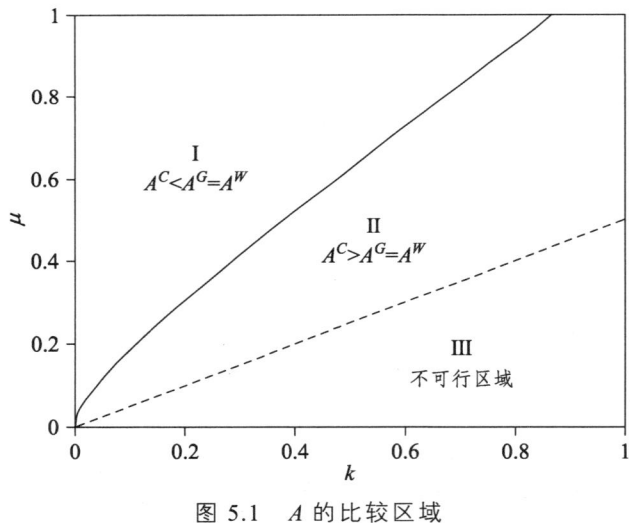

图 5.1 A 的比较区域

推论 5.2 三种模式下双渠道低碳供应链状态变量稳态值对比如下：

（1） $\Theta_\infty^C = \Theta_\infty^G > \Theta_\infty^N$。

（2）低碳产品商誉的稳态轨迹对比：① $G_\infty^G > G_\infty^N$；

② 当 $\dfrac{4\mu^2 - 6\mu - 1 + \Delta_1}{8\mu + 1} < k < 1$ 时，$G_\infty^C > G_\infty^G$，

当 $0 < k < \dfrac{4\mu^2 - 6\mu - 1 + \Delta_1}{8\mu + 1}$ 时，$G_\infty^G > G_\infty^C$。

5 考虑消费者产品低碳感知和政府低碳奖惩机制的供应链动态决策研究

证明 三种模式下双渠道低碳供应链的均衡策略如下：

（1）$\Theta_\infty^C - \Theta_\infty^G = 0$，$\Theta_\infty^G - \Theta_\infty^N = \dfrac{\chi\varepsilon^2}{\delta(\delta+\rho)K_g} > 0$，则 $\Theta_\infty^C = \Theta_\infty^G > \Theta_\infty^N$。

（2）$G_\infty^G - G_\infty^N = \dfrac{\chi\beta\varepsilon^2}{\tau K_g(\delta+\rho)\delta} > 0$，

$$G_\infty^C - G_\infty^G = \dfrac{\eta\alpha^2 a^2(8k^2\mu - 8k\mu^2 + k^2 + 12k\mu - 12\mu^2 + 2k)}{8\tau bkK_a(\rho+\tau)(k+1)^2},$$

当 $\mu_1 \leqslant \mu < \min\{1, \mu_4\}$ 时，$G_\infty^C > G_\infty^G$，如图 5.2 区域 Ⅱ 所示；

当 $0 < k < \dfrac{4\mu^2 - 6\mu - 1 + \Delta_1}{8\mu+1}$ 时，$G_\infty^G > G_\infty^C$，如图 5.2 区域 Ⅰ 所示。

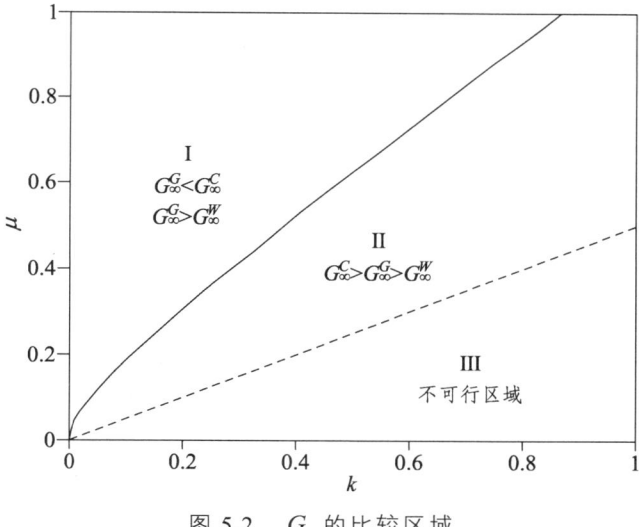

图 5.2　G_∞ 的比较区域

从推论 5.2（2）可以看出，三种模式下产品低碳水平的变化与制造商低碳减排努力水平一致。存在政府低碳奖惩机制时，制造商对减排投入的增加会改善产品低碳水平，使其明显高于政府低碳奖惩机制缺失时的产品低碳水平。对比在政府强化环境政策前后的市场表现可以发现，随着环境政策的强化，市场上的低碳低排放新产品不断涌现，并且市场份额逐步扩大，如变频空调、新能源汽车等。高排放汽车等高污染高排放产品正逐渐退出市场，而新能源汽车等低碳低排放的产品越来越受市场欢迎。推论 5.2（3）表明，存在政府低碳规制时，产品低碳商誉稳态值会提高。结合前文假设和推论可以看出，这主要是因为政府规制提高了制造商的低碳减排努力水平，使得产品低碳水平提升，进而带动产品低碳商誉的增加。而一定条件下，政府规制下制造商的广告投入成本分担契约会增加（降低）低碳产品商誉稳态值，如图 5.2 所示。这主要是因为制造商的广告投入成本分担契约影响了零售商的广告投入策略。

推论 5.3 三种模式下零售商的最优利润对比如下：

（1）$J_R^G > J_R^N$。

（2）当 $0 < \varphi \leq \max\{0, \varphi_1\}$ 时，$J_R^C < J_R^G$；当 $\max\{0, \varphi_1\} \leq \varphi < 1$ 时，$J_R^C < J_R^G$，其中 $\varphi_1 = \dfrac{8(4k\mu - 4\mu^2 + k)B_4}{B_5^2}$。

证明 由三种模式下零售商的最优利润可得

（1）$J_R^G - J_R^N = \dfrac{\beta \chi \varepsilon^2 a^2 B_2 B_4}{\rho(\rho + \delta) K_g} > 0$。

（2）$J_R^C - J_R^G = \dfrac{a^4 \alpha^2 B_1^2}{2\rho K_a}\left(B_4 B_5 - B_4^2 - \dfrac{\varphi B_5^2}{4}\right)$，可得临界值 $\varphi_1 = \dfrac{8(4k\mu - 4\mu^2 + k)B_4}{B_5^2}$；

由 $\varphi_1 - 1 = -\dfrac{(8k^2\mu - 8k\mu^2 + k^2 + 12k\mu - 12\mu^2 + 2k)^2}{(8k^2\mu - 8k\mu^2 + 3k^2 + 4k\mu - 4\mu^2 + 2k)^2} < 0$，可得 $\varphi_1 < 1$。

当 $0 < \varphi \leq \max\{0, \varphi_1\}$ 时，$J_R^C < J_R^G$；当 $\max\{0, \varphi_1\} \leq \varphi < 1$ 时，$J_R^C < J_R^G$。

推论 5.3（1）表明，相较于无政府规制模式，存在政府规制时零售商的最优利润增加。存在政府低碳规制时，制造商提高减排努力水平，从而提高产品的低碳水平，进而促进产品低碳商誉的增加，导致产品市场需求量增加。同时，推论 5.1 结论表明，三种场景下零售商销售低碳产品的边际利润一致。因此低碳产品销售边际利润不变的情况下，低碳产品需求量的增加直接提高了零售商总利润。推论 5.3（2）表明，一定条件下，制造商的广告投入成本分担契约可能提高（降低）零售商的最优利润。这是由于制造商的广告投入成本分担契约影响了零售商的广告投入策略，直接影响了产品低碳商誉的变化。因此，制造商提供广告投入成本分担契约的情况下，零售商最优广告投入水平、产品低碳商誉稳态值与零售商的最优利润的变化是一致的。

5 考虑消费者产品低碳感知和政府低碳奖惩机制的供应链动态决策研究

推论 5.4 三种模式下制造商的最优利润对比如下：

（1）模式 N 和 G 下制造商最优利润对比：

① 当 $0 < \chi < \max\{0, \chi_1\}$ 时，$J_M^G > J_M^N$；

② 当 $\chi > \max\{0, \chi_1\}$ 时，$J_M^G < J_M^N$。

其中 $\chi_1 = \dfrac{2\delta(\rho+\delta)K_g}{\varepsilon^2}\left[\Theta_0 - \dfrac{(\rho+\delta)\Theta_g}{(\delta+2\rho)}\right] - 2\beta\rho a^2 B_1 B_3$。

（2）模式 G 和 C 下制造商最优利润对比：

① 当满足以下条件时，$J_M^C \geqslant J_M^G$：

a）φ 一定，$\chi \geqslant \max\{0, \chi_2\}$；

b）τ 一定，$\begin{cases} \max\{0, \varphi_1\} \leqslant \varphi \leqslant 1, \varphi_1 \leqslant 1 \\ \varnothing, \qquad\qquad\qquad \varphi_1 > 1 \end{cases}$。

② 当满足以下条件时，$J_M^C < J_M^G$：

a）φ 一定，$0 < \chi \leqslant \max\{0, \chi_2\}$；

b）τ 一定，$\begin{cases} \varnothing, \qquad\qquad\qquad\quad \varphi_1 < 0 \\ 0 < \varphi < \min\{\varphi_1, 1\}, \varphi_1 \geqslant 0 \end{cases}$。

其中 $\varphi_2 = \dfrac{\alpha^2\eta^2 a^4 K_g B_3(8k\mu^2 - 8k^2\mu - k^2 - 12k\mu + 12\mu^2 - 2k)(\rho+\delta)^2}{\varepsilon^2(k+1)K_a[a^2\beta\eta(4k\mu - 4\mu^2 + k) + 4b\chi(k+1)(\rho+\tau)]^2}$

$\chi_2 = \dfrac{a^2 B_1[\alpha(\rho+\delta)\Delta_1 - \beta\varepsilon\varphi(k+1)K_a B_3]}{\varepsilon\varphi(k+1)K_a}$

$\Delta_1 = \sqrt{\varphi K_g K_a B_3 B_5 (k+1)^2}$

证明 由三种模式下制造商的最优利润可得

（1）$J_M^G - J_M^N = \dfrac{\chi}{\rho+\delta}\left[\dfrac{(2\rho+\delta)}{\rho}\Theta_0 - \dfrac{(\rho+\delta)}{\rho}\Theta_g - \dfrac{\beta\varepsilon^2 a^2 B_2 B_3}{\delta K_g} - \dfrac{\chi\varepsilon^2(2\rho+\delta)}{2\delta\rho(\rho+\delta)K_g}\right]$，

可得临界点 $\chi_1 = \dfrac{2K_g\delta(\rho+\delta)}{\varepsilon^2}\left[\Theta_0 - \dfrac{(\rho+\delta)\Theta_g}{(\delta+2\rho)}\right] - 2\beta\rho a^2 B_1 B_3$。

① 当 $\begin{cases} 0 \leqslant \chi \leqslant \chi_1, \chi_1 \geqslant 0 \\ \varnothing, \qquad\quad \chi_1 < 0 \end{cases}$，即 $0 \leqslant \chi \leqslant \max\{0, \chi_1\}$ 时，$J_M^G > J_M^N$；

② 当 $\begin{cases} \chi > \chi_1, \chi_1 > 0 \\ \chi > 0, \ \chi_1 < 0 \end{cases}$，即 $\chi > \max\{0, \chi_1\}$ 时，$J_M^G < J_M^N$。

（2）$J_M^C - J_M^G = \dfrac{a^4 B_1^2 B_3 B_5 \alpha^2}{2\rho K_a} + \dfrac{\varphi \varepsilon^2 B_2^2 [4\chi bk(\rho+\tau)(k+1) + \beta\eta a^2 B_3]^2}{2\rho \eta^2 K_g}$，

可得临界点

$$\varphi_2 = \dfrac{\alpha^2 \eta^2 a^4 K_g B_3 (-8k^2\mu + 8k\mu^2 - k^2 - 12k\mu + 12\mu^2 - 2k)(\rho+\delta)^2}{\varepsilon^2 (k+1) K_a [a^2 \beta\eta(4k\mu - 4\mu^2 + k) + 4b\chi(k+1)(\rho+\tau)]^2},$$

$$\chi_2 = \dfrac{a^2 B_1 [\alpha(\rho+\delta)\Delta_2 - \beta\varepsilon\varphi(k+1) K_a B_3]}{\varepsilon\varphi(k+1) K_a}$$

① 当满足以下条件时，$J_M^C \geqslant J_M^G$：

a）φ 一定，$\chi \geqslant \max\{0, \chi_2\}$；

b）τ 一定，$\begin{cases} \max\{0, \varphi_2\} \leqslant \varphi \leqslant 1, \ \varphi_2 \leqslant 1 \\ \varnothing, \qquad\qquad\qquad \varphi_2 > 1 \end{cases}$。

② 当满足以下条件时，$J_M^C < J_M^G$：

a）φ 一定，$0 < \chi \leqslant \max\{0, \chi_2\}$；

b）τ 一定，$\begin{cases} \varnothing, \qquad\qquad\qquad \varphi_2 < 0 \\ 0 < \varphi < \min\{\varphi_2, 1\}, \varphi_2 \geqslant 0 \end{cases}$。

从推论 5.4（1）可知，制造商能否从政府低碳奖惩机制中获利取决于 χ_1，χ_1 与政府设定的产品最低低碳水平 Θ_g 负相关，并与产品初始低碳水平正相关。低碳市场中，当低碳产品的初始低碳水平较高时，政府可以通过设置较高的奖惩系数加大规制力度；反之，当低碳产品的初始低碳水平较低时，政府应渐进地引导企业降低碳排放。当政府提高产品最低低碳水平时，制造商可接受的奖惩系数范围将缩小。结果表明，只有当奖惩系数 χ 低于 χ_1 且为正时，制造商才能从政府规制中获利，χ 过高将适得其反，有损于制造商的最优利润。这说明，政府应温和地在合理区间内设定低碳奖惩系数，过高的低碳奖惩系数必将伴随过高的最低低碳水平。另外，将打击制造商投入生产低碳产品的积极性，加重制造商的财务负担。从推论 5.4（2）可知，较高的奖惩系数 χ 或较高的零售商广告费用承担比例 φ 将使得制造商从广告成本分担契约中获利。较低的奖惩系数 χ 或较低的零售商广告费用承担比例 φ 都将促使制造商拒绝采用广告成本分担契约。

5.4 算例分析

针对前文分析，通过数值模拟，可以直观地分析不同模式下对双渠道低碳供应链系统均衡决策及最优利润的变化。参考文献[14]的参数设定，设置初始公共参数为 $a=5$，$b=2$，$\tau=0.5$，$\Theta_0=0$，$G_0=0$，$K_g=1$，$K_a=1$，$\rho=0.3$，其他参数的取值为 $k=0.5$，$\mu=0.5$，$\eta=0.75$，$\varepsilon=0.8$，$\delta=0.5$，$\alpha=0.6$，$\beta=0.5$，$\chi=2$，$\varphi=0.8$。

1）均衡解的稳态值

图 5.3 显示了 k 和 μ 对低碳产品批发价格与销售价格的影响。由图 5.3 可知，三种模式下的产品批发价格与销售价格一致，这一特征与推论 5.1 的结论一致。具体而言，产品销售价格与 k 负相关，与 μ 正相关；产品批发价格与之相反。当 $k \to 2\mu$ 时，$p \to w$，临界值为 1.25，在该变化过程中，零售商销售单位低碳产品的边际利润逐渐降低直至为 0。

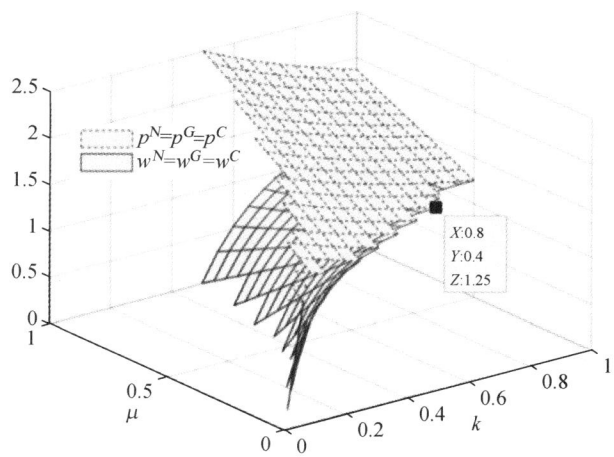

图 5.3　μ 和 k 对产品销售价格与批发价格的影响

图 5.4 显示了 δ 和 ε 对制造商减排努力水平的影响。由图 5.4 可知，模式 G 与模式 C 的制造商减排努力水平一致，并且高于模式 N 的制造商减排努力水平。三种模式中，制造商减排努力水平均与 δ 负相关，均与 ε 正相关。与此同时，随着 ε 增加，或 δ 减少，模式 G(C) 与模式 N 间制造商减排努力水平的差距逐渐增大。

图 5.5 显示了 k 和 μ 对广告投入水平的影响。由图 5.5 可知，在模式 N 与 G 中，零售商保持了一致的广告投入水平，此时，广告投入水平与 μ 正相关，与 k 负相关；而在模式 C 中，制造商采取了与零售商相反的广告投入策略，此时，广告投入水平与 μ 负相关，与 k 正相关。因此，模式 $N(G)$ 与模式 C 间的广告投入水平会出现此消彼长与交叉。这反映出双渠道低碳供应链中制造商与零售商间存在的利益冲突，这种冲突深受市场特性（如 k 和 μ）影响。

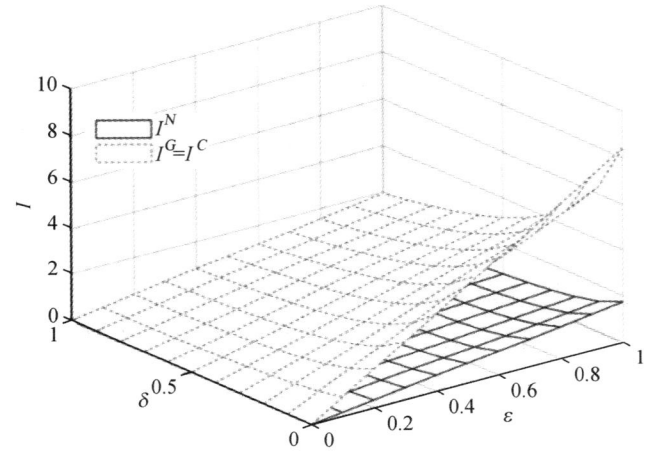

图 5.4　δ 和 ε 制造商低碳减排水平对比（$\chi=2$）

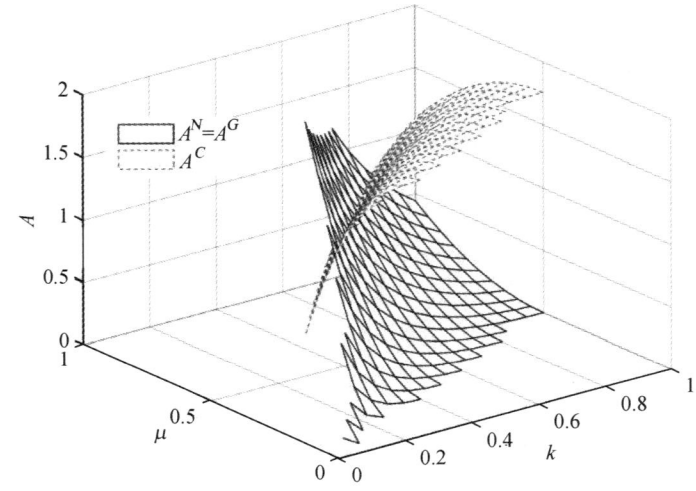

图 5.5　μ 和 k 对广告投入水平的影响

图 5.6 显示了 δ 和 ε 对产品低碳水平稳态值的影响。对比图 5.4 与 5.6 可知，δ 和 ε 对产品低碳水平与制造的减排努力水平的影响是一致的。这反映了制造商减排努力水平直接决定了产品低碳水平这一现实特征。

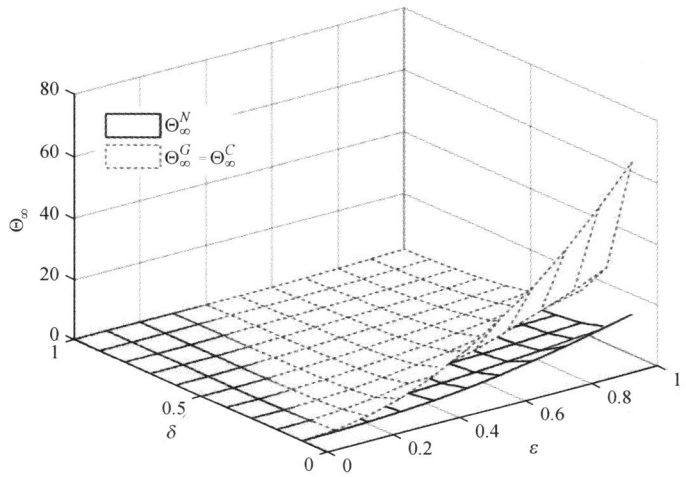

图 5.6　δ 和 ε 对产品低碳水平稳态值的影响（$\chi=2$）

图 5.7 显示了 $\chi=2$ 时 α 与 β 对低碳产品商誉稳态值的影响。由图 5.7 可知，三种模式中，低碳产品商誉稳态值均与 α 和 β 正相关。当 α 值较

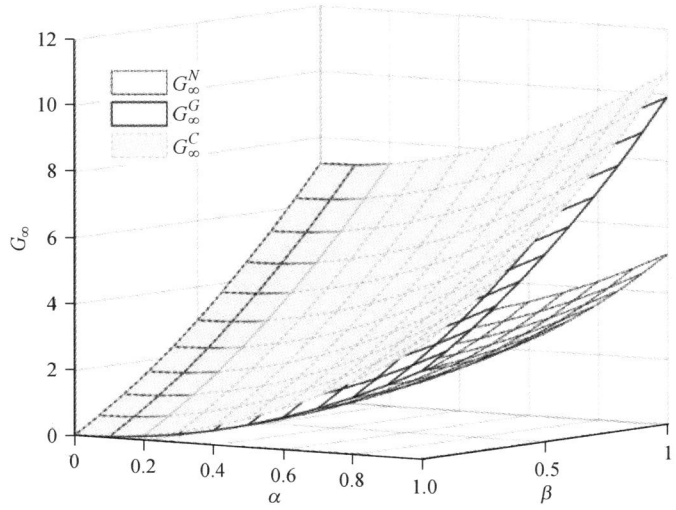

图 5.7　α 和 β 对低碳产品商誉稳态值的影响（$\chi=2$）

小时，模式 G 下的产品低碳商誉优于模式 C；而当 α 值较大时，模式 C 下的产品低碳商誉优于模式 G。此外，模式 C 与 G 下的产品低碳商誉稳态值均高于模式 N。并且，随着 α 和 β 的增加，三种模式下的产品低碳商誉差值逐渐增加。

图 5.8 显示了 φ 对零售商最优利润的影响。零售商广告投入分担比例的变化不影响模式 G 与 N 下零售商利润的差值；而随着零售商所承担的广告投入比例增加，零售商从模式 C 中的获利逐渐减少，当超过临界值时，零售商的利润受损。

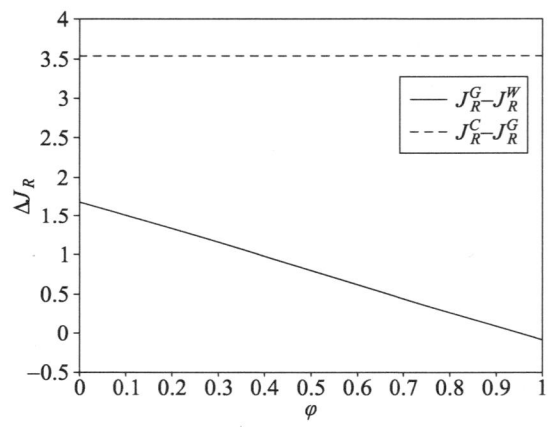

图 5.8　φ 对零售商最优利润的影响（$\chi=2$）

图 5.9 显示了 $\varphi=0.8$ 时 χ 与 Θ_g 对制造商最优利润的影响。从图 5.9 可知，相较于模式 G，制造商从模式 C 下能获得更多的利润。结合图 5.7 的结论可知，存在政府低碳奖惩机制时，广告投入成本分担契约使得制造商与零售商的最优利润均得到改善，表明双渠道低碳供应链得到 Pareto 改进。同时，$\Theta_0=0$ 与 $\Theta_0=5$ 时，模式 G 与 N 下制造商最优利润变化情况的对比反映出政府奖惩机制下制造商最优利润对产品低碳初始水平敏感。当产品低碳初始水平较高时，制造商有较好的低碳条件面对政府低碳规制，并从此政策中获得更多利益；而当产品低碳初始水平较低时，制造商的低碳基础薄弱，从而难以满足政府产品最低低碳水平要求，导致利益受损。这要求制造商提前预判市场低碳环境与环保政策走向，尽早地调整生产经营方式，从而实现低碳环境下企业、市场、政府以及用户的多赢共生。

5 考虑消费者产品低碳感知和政府低碳奖惩机制的供应链动态决策研究

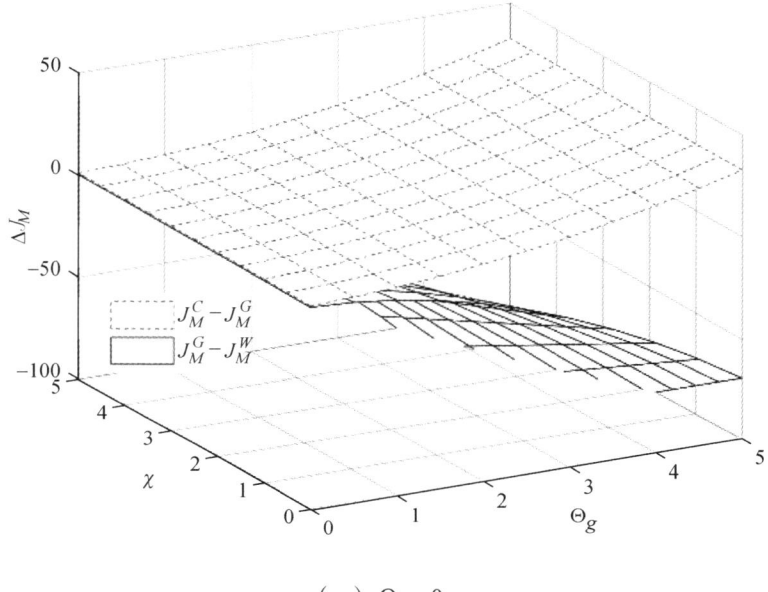

（a） $\Theta_0 = 0$

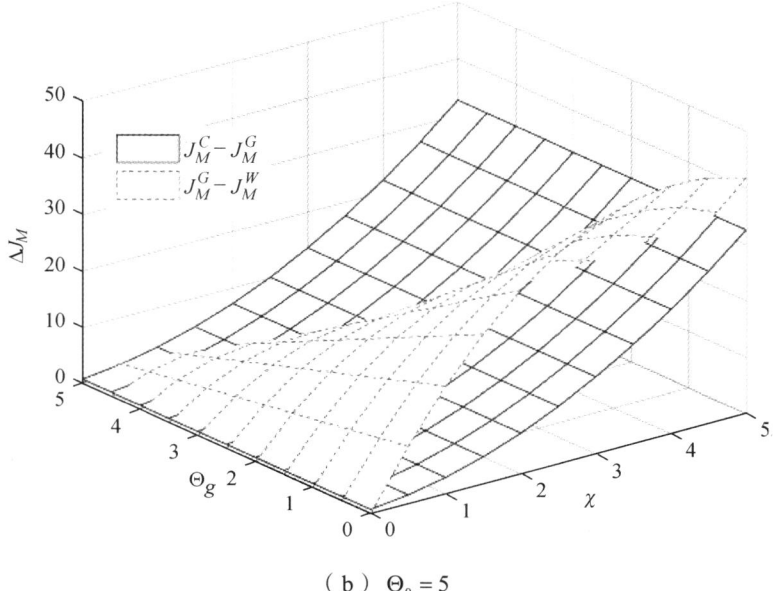

（b） $\Theta_0 = 5$

图 5.9 χ 和 Θ_g 对制造商最优利润的影响（ $\varphi = 0.8$ ）

2）均衡解的迹

图 5.10~图 5.16 分别显示了 $t \in [0,15]$ 时产品低碳水平、产品低碳商誉、线下零售渠道需求量、线上渠道需求量、制造商利润、零售商利润与双渠道供应链系统总利润的迹。从各变量的稳态值来看，模式 G 与 C 下产品低碳水平稳态值一致，并且高于模式 N；而模式 C 下其他变量的稳态值均是最高，模式 G 次之，模式 N 最低。从各变量的瞬态值来看，模式 G 与 C 下产品低碳水平瞬态值一致，并且高于模式 N；模式 C 下产品低碳商誉、线下渠道需求量、零售商利润等变量的瞬态值均最高，模式 G 次之，模式 N 最少。尽管三种模式中各个变量的数量关系在稳态下是一致的，但是在到达稳态前部分变量的数量关系在瞬时下有所差异：在初始阶段，模式 G 下线上需求量高于模式 C；模式 N 下制造商的利润优于模式 C 和 G；模式 N 下制造商与零售商的总利润优于模式 C 和 G。这种短期轨迹和长期目标差异与现实情况是一致的，反映出动态环境下供应链运作策略的复杂性。因此，在企业运作决策过程中，特别是对制造商而言，不能被短期的瞬时诱惑所左右，进而忽视长期的稳态收益，以致企业误判发展路径。

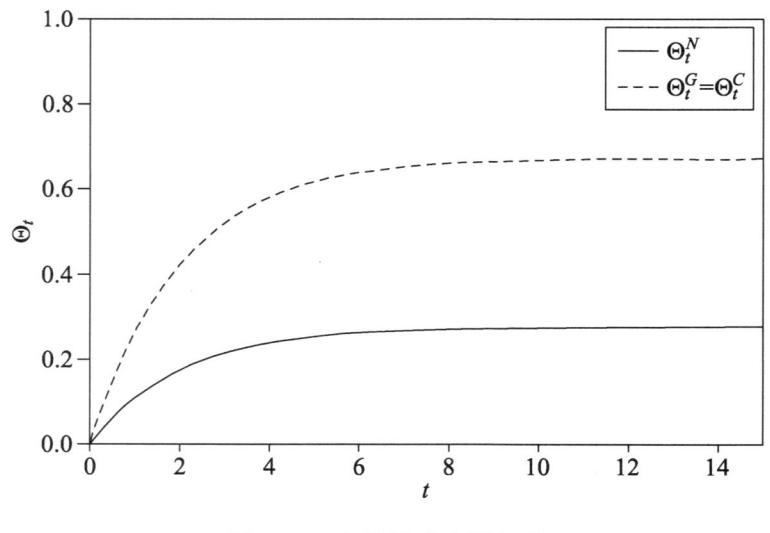

图 5.10　产品低碳水平的迹

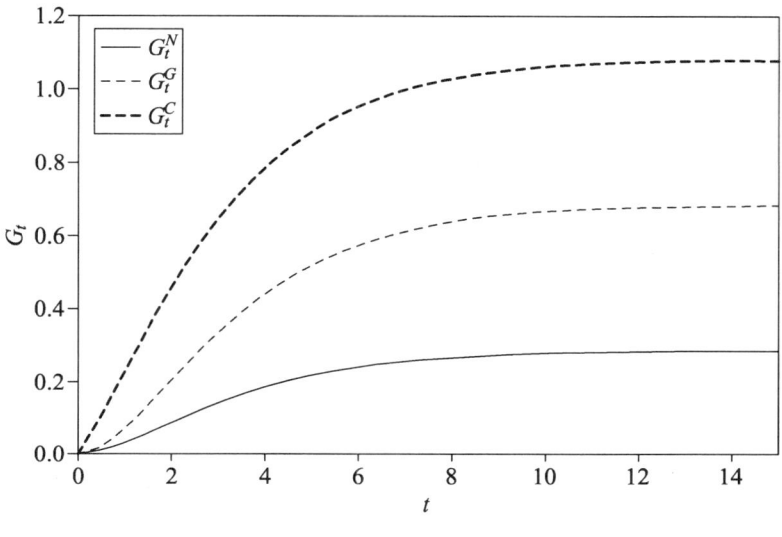

图 5.11 产品低碳商誉的迹

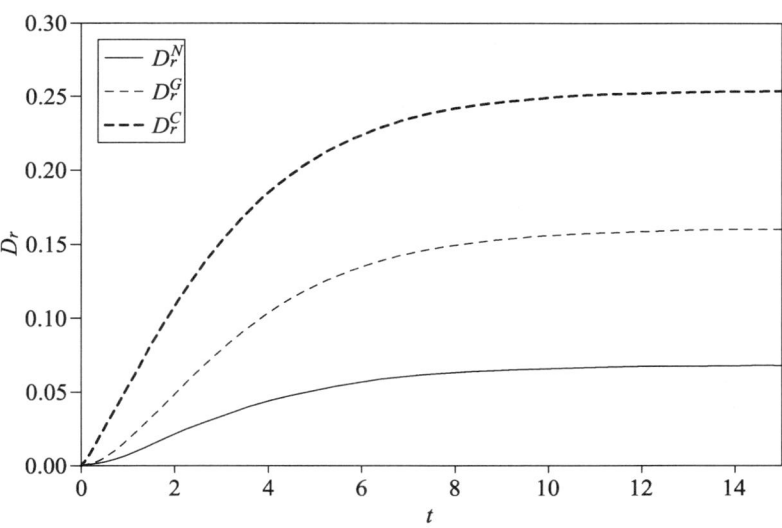

图 5.12 线下零售渠道需求量的迹

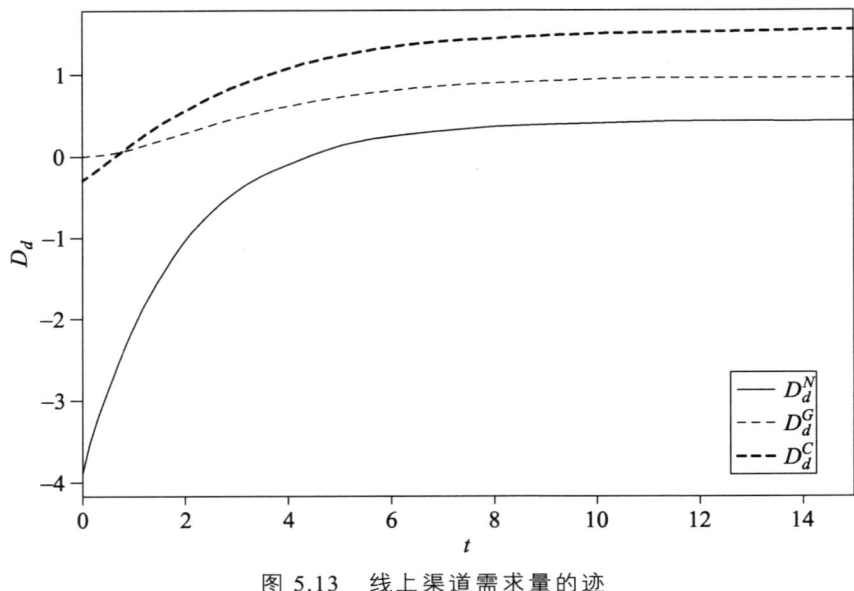

图 5.13 线上渠道需求量的迹

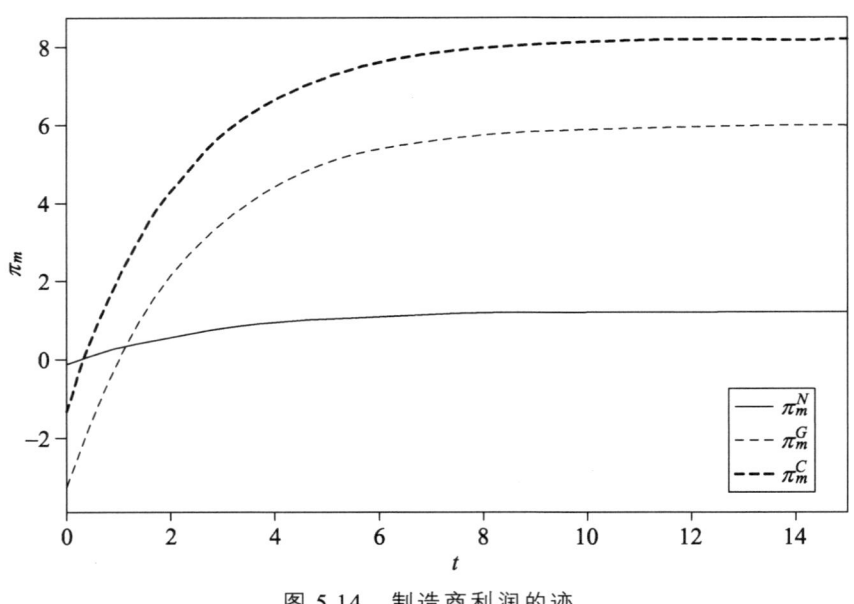

图 5.14 制造商利润的迹

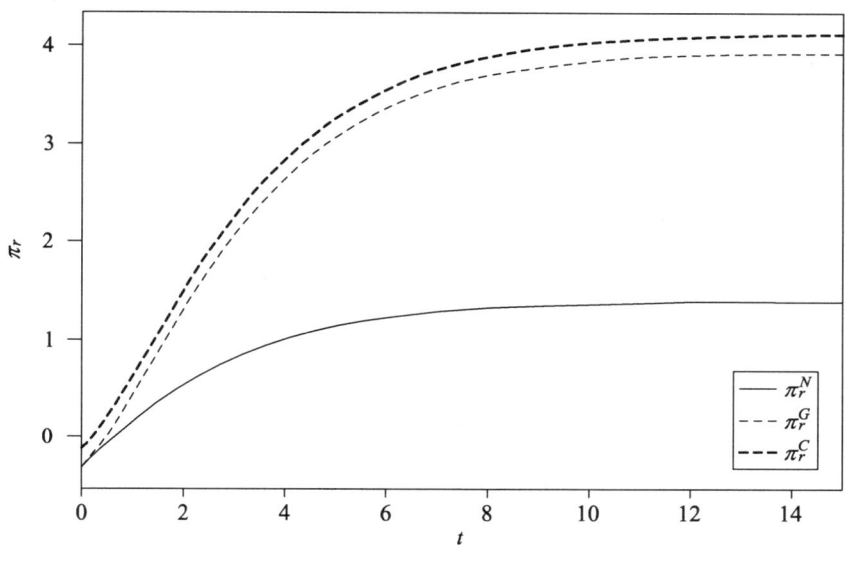

图 5.15 零售商利润的迹

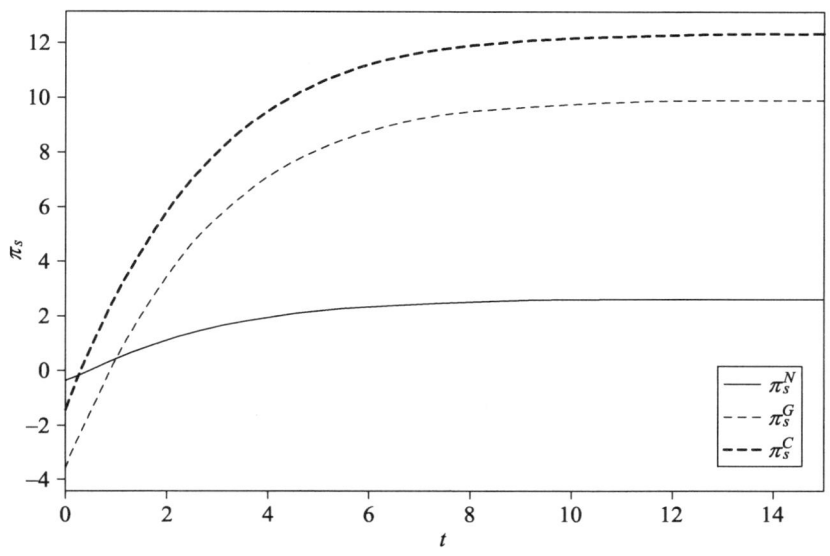

图 5.16 双渠道供应链总利润的迹

5.5 本章小结

本章针对由一个绿色制造商与一个零售商组成的双渠道低碳供应链，综合考虑线下广告效应、产品低碳水平、产品商誉等因素对市场需求的影响，以及政府低碳奖惩机制对制造商与零售商联合减排策略的影响，基于微分博弈理论研究了制造商生产低碳产品与零售商投入低碳广告时的动态联合减排策略。本章先后讨论了无政府低碳奖惩机制、存在政府低碳奖惩机制但无协调契约、存在政府低碳奖惩机制和广告成本分担契约等三种模式下双渠道低碳供应链的均衡策略，比较分析了三种模式下的均衡策略和最优利润，并数值模拟仿真了均衡策略与最优利润的稳态值与瞬态值。通过对模型的求解与分析可以得到以下结论：

（1）政府低碳奖惩机制会促使制造商提高减排努力水平，进而增高产品低碳水平和产品低碳商誉，但不影响零售商的广告投入策略。

（2）存在政府低碳奖惩机制时，零售商的利润必将增加；而当政府低碳奖惩系数较小时，制造商的利润也将增加。

（3）存在政府低碳奖惩机制时，一定条件下，广告成本分担契约使得制造商与零售商的利润都增加，双渠道绿色供应链得到 Pareto 改进。

结论与展望

6.1 研究结论

在生态环境问题愈发严峻的背景下，日益强劲的绿色消费需求与渐趋严格的环境政策合力推动着制造业低碳化转型升级，促使企业生产更为低碳的产品。消费者作为产品全生命周期的关键参与主体，其日益增长的低碳需求以及市场环境引起的消费者低碳偏好动态变化对企业和供应链运作决策有重要影响。在此背景下，本书将消费者低碳偏好及动态感知嵌入到低碳供应链运作优化的理论研究框架中，分别从消费者低碳偏好和消费者低碳感知视角研究了不同场景下的低碳供应链的运作优化问题。本书的主要研究结论如下：

（1）针对考虑消费者产品低碳偏好的低碳供应链决策问题，以绿色制造商、传统制造商和零售商组成的双寡头低碳供应链为研究对象，在制造商—零售商 Stackelberg 博弈框架下，分别对绿色制造商与传统制造商均势、绿色制造商领先、传统制造商领先等三种不同子博弈模式下的低碳供应链决策问题进行建模分析，借助数值实验，研究了消费者低碳偏好程度和低碳产品成本系数对低碳供应链均衡策略与利润的影响。研究结果表明：① 三种不同子博弈模式中，产品低碳水平、制造商边际利润、低碳供应链总利润均随消费者低碳偏好系数的增加而增加，随低碳生产成本系数的增加而减少；而传统制造商边际利润和总利润与消费者低碳偏好系数、低碳生产成本的关系恰好相反。② 双寡头低碳供应链中，绿色竞争优势的效用优于先发优势：当传统制造商作为追随者时，传统制造商的利润最高，成为追随者对传统制造商总是有利的；绿色制造商成为领导者不一定是有利的，只有当消费者低碳偏好高于阈值或绿色生产成本低于阈值，绿色制造商作为领导者时利润才最高。

（2）针对电子商务环境下线上与线下销售渠道的碳排放差异，本书提出了渠道环境可持续水平概念，在假设消费者具有渠道碳足迹偏好的情形下，以制造商和零售商组成的双渠道低碳供应链为研究对象，分别对集中式决策和分散式决策两种不同决策模式下的双渠道低碳供应链进行建模分析，借助数值实验，研究了渠道竞争系数与渠道环境可持续水平竞争系数对双渠道低碳供应链的均衡策略与利润的影响。研究结果表明：① 分散式模型中，当消费者渠道偏好一定时，线上渠道环境可持续水平优于线下零售渠道环境可持续水平。② 随着渠道环境可持续水平交叉影响系数增加，双渠道低碳供应链的"双重边际效应"减弱；而随着消费者零售渠道偏好增加，双渠道低碳供应链的"双重边际效应"增强。

（3）针对消费者对产品低碳水平的感知过程，建立了消费者低碳感知微分方程，并针对线上与线下渠道的低碳广告、消费者低碳感知对低碳产品商誉的影响，以有制造商和零售商组成的双渠道低碳供应链为研究对象，分别对集中式决策、竞争型广告策略下的分散式决策和支持型广告策略下的分散式决策三种不同决策模式下的双渠道低碳供应链进行建模分析，借助数值实验，研究了双渠道低碳供应链均衡策略和利润的稳定值与瞬态值。研究结果表明：① 集中式决策模型的最优产品低碳水平、最优线上与线下广告投入水平均高于分散式决策模型，而产品销售价格依赖于参数取值，而与集中式或分散式决策模型无关。② 分散式决策模型下，采用竞争型广告策略时，双渠道供应链的产品最优销售价格、最优低碳水平和最优线上广告投入水平与采用支持型广告策略时的双渠道供应链的均衡策略一致。③ 一定条件下，支持型广告策略将使双渠道供应链得到 Pareto 改进，此时最优线下广告投入水平优于竞争型广告策略。

（4）针对政府低碳奖惩机制的影响下的低碳供应链决策问题，以由制造商和零售商组成的双渠道低碳供应链为研究对象，分别对无政府低碳奖惩机制、存在政府低碳奖惩机制但无成本分担契约、存在政府低碳奖惩机制和成本分担契约等三种不同决策模式下的双渠道低碳供应链的决策问题进行建模分析，借助数值实验，研究了低碳供应链的均衡策略和利润的稳定值与瞬态值。研究结果表明：① 政府低碳规制会促使制造商提高减排努力水平，进而提高产品商誉，但不影响零售商的广告投入策略。② 存在政府低碳规制时，零售商的利润必将增加，而当政府低碳奖惩系数较小时，制造商的利润也将增加。③ 存在政府低碳规制时，一定条件下，广告成本分担契约将使得制造商与零售商的利润都增加，双渠道低碳供应链得到 Pareto 改进。

6.2 研究展望

本书在静态和动态框架下深入研究了消费者低碳偏好及其动态感知、政府低碳奖惩政策等因素对低碳供应链决策的影响，对现有低碳供应链管理研究进行了补充和扩展。但是，以下方面仍有待进一步探索和研究：

（1）本书假设供应链成员风险中立和偏好中性，可以进一步考虑供应链成员的公平关切、风险规避等行为特征对均衡策略的影响。

（2）可以进一步研究碳限额、碳交易、限额与交易等不同政府低碳政策下考虑消费者动态低碳感知的低碳供应链动态联合减排策略。

（3）可以进一步构建政府—制造商—零售商三级复杂供应链结构，从社会效益、环境效益和经济利益等方面综合研究供应链动态均衡策略。

参考文献

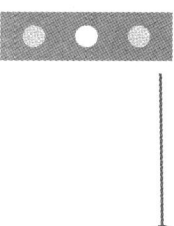

[1] De Groot RS. Environmental functions as a unifying concept for ecology and economics[J]. Environmentalist, 1987, 7(2): 105-109.

[2] Wackernagel M, Larry O. Patricia B, et al. National natural capital accounting with the ecological footprint concept[J]. Ecological economics, 1999, 29(3): 375-390.

[3] Lal R. Soil carbon sequestration to mitigate climate change[J]. Geoderma, 2004, 123(1-2): 1-22.

[4] 魏一鸣, 吴刚, 梁巧梅, 等. 中国能源报告(2012): 能源安全研究[M]. 北京: 科学出版社, 2012.

[5] IPCC. Climate Change 1990: the IPCC scientific assessment[M]. Cambridge: Cambridge University Press, 1990.

[6] IPCC. Climate change 1995: The science of climate change[M]. Cambridge: Cambridge University Press, 1998.

[7] IPCC. Climate Change 2001:The scientific basis[M]. Cambridge: Cambridge University Press, 2001.

[8] IPCC. Climate Change 2007:The physical science basis[R]. Contribution of working group I to the Fourth Assessment Report of the Intergovernmental Panel on Climate Change, 2007.

[9] IPCC. Climate Change 2014: Mitigation of climate change[R]. Contribution of Working Group III to the Fifth Assessment Report of the Intergovernmental Panel on Climate Change, 2014.

[10] 唐晓华, 刘相锋. 能源强度与中国制造业产业结构优化实证[J]. 中国人口·资源与环境, 2016, 26(10): 78-85.

[11] 张同斌,高巍,马晴晴.中国制造业碳排放的网络特征测度及其差异化影响效应研究[J].中国人口·资源与环境,2019,29(2):166-176.

[12] Hackney J, R De Neufville. Life cycle model of alternative fuel vehicles: Emissions, energy, and cost trade-offs[J]. Transportation Research Part A: Policy and Practice, 2001, 35(3): 243-266.

[13] Baptista P, Ribau J, Bravo J, et al. Fuel cell hybrid taxi life cycle analysis[J]. Energy Policy, 2011, 39(9): 4683-4691.

[14] 郭栋,张洪浩,郑春燕,等.未来中国汽车类型发展预测及节能减排效益分析[J].系统工程理论与实践,2016,36(6):1593-1599.

[15] 齐兴达,李显君,章博文.中国温室气体减排成本有效性分析——以纯电动汽车为例[J].技术经济,2017,36(4):72-78.

[16] 李大元.低碳经济背景下我国新能源汽车产业发展的对策研究[J].经济纵横,2011(2):72-75.

[17] 孙晓华,王林.范式转换、新兴产业演化与市场生态位培育——以新能源汽车为例[J].经济学家,2014(5):54-62.

[18] 臧树伟,陈红花.创新能力如何助力本土品牌厂商"换道超车"?[J].科学学研究,2019,37(2):338-350.

[19] 高倩,范明,杜建国.政府补贴对新能源汽车企业影响的演化研究[J].科技管理研究,2014,34(11):75-79.

[20] 白恩来,赵玉林.产业政策的宏观有效性与微观异质性实证分析[J].科研管理,2018,39(9):11-19.

[21] 于明超,孙晋云.政府扶持与中国新能源汽车产业生产效率——基于四阶段DEA模型的实证分析[J].华东经济管理,2018,32(7):48-54.

[22] 李平.社会—技术范式视角下的低碳转型[J].科学学研究,2018,36(6):1000-1007.

[23] 梁正,李代天.科技创新政策与中国产业发展40年——基于演化创新系统分析框架的若干典型产业研究[J].科学学与科学技术管理,2018.39(9):21-35.

[24] 张厚明.我国新能源汽车市场产能过剩危机的成因与对策研究[J].科学管理研究,2018,36(3):28-30,35.

[25] Christopher M. Logistics and supply chain management[M]. Irwin Professional Publishing, 1992.

[26] Trent R J, R M Monczka. Purchasing and supply management: trends and changes throughout the 1990s[J]. International Journal of Purchasing and Materials Management, 1998, 34(3): 2-11.

[27] Frohlich M T, R Westbrook. Arcs of integration: An international study of supply chain strategies[J]. Journal of operations management, 2001, 19(2): 185-200.

[28] Seuring S, M Müller. From a literature review to a conceptual framework for sustainable supply chain management[J]. Journal of cleaner production, 2008, 16(15): 1699-1710.

[29] Hammer M, J Champy. Reengineering the corporation: Manifesto for business revolution[J]. Zondervan, 2009.

[30] Hay B L, R N Stavins, R H Vietor. Environmental protection and the social responsibility of firms: Perspectives from law, economics, and business[J]. Resources for the Future, 2005.

[31] Kleindorfer P R, K Singhal, L N Van Wassenhove. Sustainable operations management[J]. Production and operations management, 2005, 14(4): 482-492.

[32] Carter C R, D S Rogers. A framework of sustainable supply chain management: Moving toward new theory[J]. International journal of physical distribution & logistics management, 2008, 38(5): 360-387.

[33] Elkington J. Partnerships from cannibals with forks: The triple bottom line of 21st-century business[J]. Environmental quality management, 1998, 8(1): 37-51.

[34] Buhr N. Histories of and rationales for sustainability reporting, in sustainability accounting and accountability[J]. Routledge, 2010: 76-88.

[35] De Villiers C, L Rinaldi, J Unerman. Integrated reporting: Insights, gaps and an agenda for future research[J]. Accounting, Auditing & Accountability Journal, 2014, 27(7): 1042-1067.

[36] Eccles R G, MP Krzus. The integrated reporting movement: Meaning, momentum, motives, and materiality[M]. John Wiley & Sons, 2014.

[37] Handfield R B, SV Walton, S Melnyk. Green supply chain: Best practices from the furniture industry[C]. in Proceedings, Annual Meeting of the Decision Science Institute USA, 1996.

[38] Handfield R, E Nichols Jr. Introduction to supply chain management[J]. Prentice Hall, Englewood Cliffs, NJ, 1999.

[39] Moraes C, M Carrigan, I Szmigin. The coherence of inconsistencies: Attitude-behaviour gaps and new consumption communities[J]. Journal of Marketing Management, 2012, 28(1-2): 103-128.

[40] Peattie K. Green consumption: Behavior and norms[J]. Annual review of environment and resources, 2010(35): 195-228.

[41] 沈鹏熠,范秀成.在线零售企业社会责任行为与消费者响应——基于中国背景的调节效应模型[J]. 中国软科学, 2016 (3): 96.

[42] Commission E. Attitudes of European citizens towards the environment[J]. Special Eurobarometer, 2014.

[43] 陈凯,彭茜.绿色消费态度一行为差距分析及其干预[J]. 科技管理研究, 2014, 34(20): 236-241.

[44] 王汉瑛，邢红卫，田虹.定位绿色消费的"黄金象限":基于刻板印象内容模型的响应面分析[J]. 南开管理评论, 2018, 21(3): 203-214.

[45] Lee K H. Integrating carbon footprint into supply chain management: The case of Hyundai Motor Company (HMC) in the automobile industry[J]. Journal of cleaner production, 2011, 19(11): 1216-1223.

[46] Wiedmann T, J Minx. A definition of "carbon footprint"[J]. Ecological economics research trends, 2008(1): 1-11.

[47] Hertwich E G, G P Peters. Carbon footprint of nations: A global, trade-linked analysis[J]. Environmental science & technology, 2009, 43(16): 6414-6420.

[48] 刘广海，吴俊章，游力，等. 冷链物流系统碳足迹模型构建与实证分析[J]. 制冷学报, 2018, 39(4): 19-25.

[49] 许茹楠，刘斌，陈爱强，等. 我国果蔬冷链碳足迹分析[J]. 制冷学报, 2018, 39(4): 13-18, 25.

[50] 杨传明.复杂产品供应链碳足迹数据质量的评估与控制[J]. 统计与决策, 2016(5): 52-56.

[51] Sivaraman D, Sergio P, Kimberly M, et al. Comparative energy, environmental, and economic analysis of traditional and e-commerce DVD rental networks[J]. Journal of Industrial Ecology, 2007, 11(3): 77-91.

[52] Edwards J B, A C McKinnon, S L Cullinane. Comparative analysis of the carbon footprints of conventional and online retailing: A "last mile" perspective[J]. International Journal of Physical Distribution & Logistics Management, 2010, 40(1/2): 103-123.

[53] Edwards J, A McKinnon, S Cullinane. Comparative carbon auditing of conventional and online retail supply chains: A review of methodological issues[J]. Supply Chain Management: An International Journal, 2011, 16(1): 57-63.

[54] van Loon P, Lieven D, Joost D, et al. A comparative analysis of carbon emissions from online retailing of fast moving consumer goods[J]. Journal of Cleaner Production, 2015(106): 478-486.

[55] Benjaafar S, Y Li, M Daskin. Carbon footprint and the management of supply chains: Insights from simple models[J]. IEEE transactions on automation science and engineering, 2013, 10(1): 99-116.

[56] Kannan, D, Diabat A, Alrefaei M, et al. A carbon footprint based reverse logistics network design model[J]. Resources, conservation and recycling, 2012(67): 75-79.

[57] Tao F, T Fan, K K Lai. Optimal inventory control policy and supply chain coordination problem with carbon footprint constraints[J]. International Transactions in Operational Research, 2018, 25(6): 1831-1853.

[58] 程永宏, 熊中楷. 碳标签制度下产品碳足迹与定价决策及协调[J]. 系统工程学报, 2016, 31(3): 386-397.

[59] Melnyk S A, Davis E W, Spekman R E, et al. Outcome-driven supply chains[J]. MIT Sloan Management Review, 2010, 51(2): 33.

[60] Zhu W, Y He. Green product design in supply chains under competition[J]. European Journal of Operational Research, 2017, 258(1): 165-180.

[61] Jamali M B, M Rasti-Barzoki. A game theoretic approach for green and non-green product pricing in chain-to-chain competitive sustainable and regular dual-channel supply chains[J]. Journal of Cleaner Production, 2018(170): 1029-1043.

[62] Barari S, Agarwal G, Zhang W J C, et al. A decision framework for the analysis of green supply chain contracts: An evolutionary game approach[J]. Expert systems with applications, 2012, 39(3): 2965-2976.

[63] Li T, Zhang R, Zhao S, et al. Low carbon strategy analysis under revenue-sharing and cost-sharing contracts[J]. Journal of Cleaner Production, 2019(212): 1462-1477.

[64] 叶同, 关志民, 陈大宇. 碳政策下考虑异质消费者的供应链动态优化[J]. 工业工程与管理, 2018, 23(1): 14-22.

[65] 叶同, 关志民, 陶瑾, 等. 考虑消费者低碳偏好和参考低碳水平效应的供应链联合减排动态优化与协调[J]. 中国管理科学, 2017, 25(10): 52-61.

[66] Liu P. Pricing policies and coordination of low-carbon supply chain considering targeted advertisement and carbon emission reduction costs in the big data environment[J]. Journal of Cleaner Production, 2019(210): 343-357.

[67] Tsai W H, S. Y Jhong. Production decision model with carbon tax for the knitted footwear industry under activity-based costing[J]. Journal

of Cleaner Production, 2019(207): 1150-1162.

[68] 张永明, 楼高翔. 竞争型低碳供应链下考虑参考效应的微分博弈[J]. 系统工程, 2018, 36(6): 101-108.

[69] 张永明, 楼高翔, 常香云. 考虑参考效应的碳减排与低碳宣传微分博弈[J]. 工业工程与管理, 2018, 23(2): 107-113, 121.

[70] Ji J, Z Zhang, L Yang. Carbon emission reduction decisions in the retail-/dual-channel supply chain with consumers' preference[J]. Journal of Cleaner Production, 2017(141): 852-867.

[71] Tong W, Mu D, Zhao F, et al. The impact of cap-and-trade mechanism and consumers' environmental preferences on a retailer-led supply Chain[J]. Resources, Conservation and Recycling, 2019(142): 88-100.

[72] Chang C. Feeling ambivalent about going green[J]. Journal of Advertising, 2011, 40(4): 19-32.

[73] 王财玉, 吴波. 时间参照对绿色消费的影响:环保意识和产品环境怀疑的调节作用[J]. 心理科学, 2018, 41(3): 621-626.

[74] Paek H J, Z Pan. Spreading global consumerism: Effects of mass media and advertising on consumerist values in China[J]. Mass Communication & Society, 2004, 7(4): 491-515.

[75] Hartmann P, V A Ibáñez, F J Forcada Sainz. Green branding effects on attitude: Functional versus emotional positioning strategies[J]. Marketing Intelligence & Planning, 2005, 23(1): 9-29.

[76] Yoon H J, Y J Kim. Understanding green advertising attitude and behavioral intention: An application of the health belief model[J]. Journal of Promotion Management, 2016, 22(1): 49-70.

[77] Banerjee S, C S Gulas, E Iyer. Shades of green: A multidimensional analysis of environmental advertising[J]. Journal of Advertising, 1995, 24(2): 21-31.

[78] 戴鑫, 吴丹, 荆美星, 等. 西方绿色广告发展和研究综述[J]. 管理学报, 2009, 6(5): 704-709.

[79] Laufer WS. Social accountability and corporate greenwashing[J]. Journal of business ethics, 2003, 43(3): 253-261.

[80] 孙蕾, 蔡昆濠. 漂绿广告的虚假环境诉求及其效果研究[J]. 国际新闻界, 2016, 38(12): 134-151.

[81] 毛振福, 余伟萍, 李雨轩. 绿色购买意愿形成机制的实证研究——绿色广告诉求与自我建构的交互作用[J]. 当代财经, 2017(5): 79-88.

[82] Nyborg K, R B Howarth, K A Brekke. Green consumers and public

policy: On socially contingent moral motivation[J]. Resource and energy economics, 2006. 28(4): 351-366.

[83] 孙瑾, 苗盼. 近筹 vs.远略——解释水平视角的绿色广告有效性研究[J]. 南开管理评论, 2018, 21(4): 195-205.

[84] Li Y, Palma M A, Hall C R, et al. Measuring the effects of advertising on green industry sales: A generalized propensity score approach[J]. Applied Economics, 2019, 51(12): 1303-1318.

[85] 李友东,赵道致.考虑政府补贴的低碳供应链研发成本分摊比较研究[J]. 软科学, 2014. 28(2): 21-26, 31.

[86] Huang J, Leng M,Liang L,et al. Promoting electric automobiles: Supply chain analysis under a government's subsidy incentive scheme[J]. Iie Transactions, 2013, 45(8): 826-844.

[87] Gang H. Sustainable pricing and production policies for two competing firms with carbon emissions tax[J]. International Journal of Production Research, 2015, 53(21): 6408-6420.

[88] Meng X, Yao Z, Nie J, et al. Make or buy? It is the question: A study in the presence of carbon tax[J]. International Journal of Production Economics, 2018(195): 328-337.

[89] 聂佳佳, 蒋晨, 王琦君. 碳税政策下风险规避对低碳竞争策略的影响[J]. 工业工程与管理, 2018, 23(5): 33-43.

[90] Dong C,Shen B, Chow P, et al. Sustainability investment under cap-and-trade regulation[J]. Annals of Operations Research, 2016, 240(2): 509-531.

[91] 刘名武, 万谧宇, 付红. 碳交易和低碳偏好下供应链低碳技术选择研究[J]. 中国管理科学, 2018, 26(1): 152-162.

[92] Xu X, X Xu, P He. Joint production and pricing decisions for multiple products with cap-and-trade and carbon tax regulations[J]. Journal of Cleaner Production, 2016(112): 4093-4106.

[93] 曹细玉, 张杰芳. 碳减排补贴与碳税下的供应链碳减排决策优化与协调[J]. 运筹与管理, 2018, 27(4): 57-61.

[94] Yuyin Y, L Jinxi. The effect of governmental policies of carbon taxes and energy-saving subsidies on enterprise decisions in a two-echelon supply chain[J]. Journal of Cleaner Production, 2018(181): 675-691.

[95] Cao K, Xu X, Qiang W, et al. Optimal production and carbon emission reduction level under cap-and-trade and low carbon subsidy policies[J]. Journal of Cleaner Production, 2017(167).

[96] 张翠华, 任金玉, 于海斌. 非对称信息下基于惩罚和奖励的供应链

协同机制[J]. 中国管理科学, 2006(3): 32-37.

[97] 李新然, 刘媛媛. 政策干预下的闭环供应链研究综述[J]. 科研管理, 2018, 39(S1): 308-316.

[98] Zu Y, L Chen, F Yi. Research on low-carbon strategies in supply chain with environmental regulations based on differential game[J]. Journal of Cleaner Production, 2017(177): 527-546.

[99] 王文宾, 达庆利. 奖惩机制下电子类产品制造商回收再制造决策模型[J]. 中国管理科学, 2008(5): 57-63.

[100] 王文宾, 达庆利, 孙浩. 再制造逆向供应链协调的奖励与奖惩机制设计[J]. 中国管理科学, 2009, 17(5): 46-52.

[101] 王文宾, 达庆利. 奖惩机制下具竞争制造商的废旧产品回收决策模型[J]. 中国管理科学, 2013, 21(5): 50-56.

[102] 王文宾, 陈琴, 达庆利. 奖惩机制下制造商竞争的闭环供应链决策模型[J]. 中国管理科学, 2013, 21(6): 57-63.

[103] Wang W, Zhang Y, Zhang K, et al. Reward-penalty mechanism for closed-loop supply chains under responsibility-sharing and different power structures[J]. International Journal of Production Economics, 2015(170): 178-190.

[104] 陈婉婷, 胡志华, 俞超. 不同政府目标决策下具奖惩机制的绿色供应链模型[J]. 控制与决策, 2020(2): 1-12.

[105] 张雄, 熊亮. 消费观念: 改革开放 40 年历程的经济哲学反思[J]. 马克思主义与现实, 2018(5): 6-13.

[106] Akenji L. Consumer scapegoatism and limits to green consumerism[J]. Journal of Cleaner Production, 2014, 63(63): 13-23.

[107] Sylvia L, Doris F. Strong sustainable consumption governance-precondition for a degrowth path?[J]. Journal of Cleaner Production, 2013, 38(1): 36-43.

[108] Hobson K. "Weak" or "strong" sustainable consumption? Efficiency, degrowth, and the 10 year framework of programmes[J]. Environment & Planning C Government & Policy, 2013, 31(6): 1082-1098.

[109] 毛振福, 余伟萍, 李雨轩. 绿色购买意愿形成机制的实证研究——绿色广告诉求与自我建构的交互作用[J]. 当代财经, 2017(5): 79-88.

[110] Brunner F, Kurz V, Bryngelsson D, et al. Carbon label at a university restaurant-label implementation and evaluation[J]. Ecological economics, 2018(146): 658-667.

[111] Vanclay J K, Shortiss J, Aulsebrook S, et al. Customer response to carbon labelling of groceries[J]. Journal of Consumer Policy, 2011, 34(1): 153-160.

[112] 谢颖，刘穷志. 可持续消费理论研究新进展[J]. 经济学动态, 2018(8): 119-133.

[113] Du S, L Hu, L Wang. Low-carbon supply policies and supply chain performance with carbon concerned demand[J]. Annals of Operations Research, 2017, 255(1-2): 569-590.

[114] Roheim C A, F Asche, J I Santos. The elusive price premium for ecolabelled products: Evidence from seafood in the UK market[J]. Journal of Agricultural Economics, 2011, 62(3): 655-668.

[115] Loureiro M L, J J McCluskey, R C Mittelhammer. Will consumers pay a premium for eco-labeled apples?[J]. Journal of Consumer Affairs, 2002, 36(2): 203-219.

[116] Aguilar F X, R P Vlosky. Consumer willingness to pay price premiums for environmentally certified wood products in the US[J]. Forest Policy and Economics, 2007, 9(8): 1100-1112.

[117] Liu Z L, T D Anderson, J M Cruz. Consumer environmental awareness and competition in two-stage supply chains[J]. European Journal of Operational Research, 2012, 218(3): 602-613.

[118] Li B, Zhu M, Jiang Y, et al. Pricing policies of a competitive dual-channel green supply chain[J]. Journal of Cleaner Production, 2016(112): 2029-2042.

[119] Zhang L, J Wang, J You. Consumer environmental awareness and channel coordination with two substitutable products[J]. European Journal of Operational Research, 2015, 241(1): 63-73.

[120] 熊中楷，张盼，郭年. 供应链中碳税和消费者环保意识对碳排放影响[J]. 系统工程理论与实践, 2014, 34(9): 2245-2252.

[121] 刘新民，蔺康康，王垒. 消费者异质偏好对绿色产品定价决策的影响研究[J]. 工业工程与管理, 2018, 23(4): 112-119.

[122] 曲优，关志民，叶同，等. 基于混合 CVaR 的供应链绿色研发—广告决策与协调机制研究[J]. 中国管理科学, 2018, 26(10): 89-101.

[123] Koszegi B. Behavioral contract theory[J]. Journal of Economic Literature, 2014, 52(4): 1075-1118.

[124] 关志民，曲优，叶同，等. 消费者感知偏差对供应链绿色运营策略的影响[J]. 计算机集成制造系统, 2019, 25(2): 480-490.

[125] Zhou Y, X Ye. Differential game model of joint emission reduction strategies and contract design in a dual-channel supply chain[J].

Journal of Cleaner Production, 2018(190): 592-607.

[126] 叶同, 关志民, 赵莹, 等. 广告和低碳竞争下基于低碳商誉的供应链动态优化与协调[J]. 管理学报, 2018, 15(8): 1240-1248.

[127] Sivaprakasam R, V Selladurai, P Sasikumar. Implementation of interpretive structural modelling methodology as a strategic decision making tool in a Green Supply Chain Context[J]. Annals of Operations Research, 2015, 233(1): 423-448.

[128] Madani S R, M Rasti-Barzoki. Sustainable supply chain management with pricing, greening and governmental tariffs determining strategies: A game-theoretic approach[J]. Computers & Industrial Engineering, 2017(105): 287-298.

[129] Driessen P, Hillebrand B, Kok R, et al. Green new product development: The pivotal role of product greenness[J]. IEEE Transaction on Engineering Monogement, 2013.

[130] Ottman J A, E R Stafford, C L Hartman. Avoiding green marketing myopia: Ways to improve consumer appeal for environmentally preferable products[J]. Environment: Science and Policy for Sustainable Development, 2006, 48(5): 22-36.

[131] Pujari D. Eco-innovation and new product development: Understanding the influences on market performance[J]. Technovation, 2006, 26(1): 76-85.

[132] Yang D, T Xiao. Pricing and green level decisions of a green supply chain with governmental interventions under fuzzy uncertainties[J]. Journal of Cleaner Production, 2017(149): 1174-1187.

[133] Wu C H, C W Chen, C C Hsieh. Competitive pricing decisions in a two-echelon supply chain with horizontal and vertical competition[J]. International Journal of Production Economics, 2012, 135(1): 265-274.

[134] 孙嘉楠, 肖忠东. 政府组合规制对双渠道低碳供应链决策的影响[J]. 华东经济管理, 2017, 31(9): 180-184.

[135] Wang W, G Li, T CE Cheng. Channel selection in a supply chain with a multi-channel retailer: The role of channel operating costs[J]. International Journal of Production Economics, 2016(173): 54-65.

[136] Cai J, Wu J, Xiao M, et al. Structure selection and coordination in dual-channel supply chains[J]. Journal of Industrial Engineering and Management-Jiem, 2015, 8(2): 453-475.

[137] O'Connell V."Green" goods, red flags[J]. Wall Street Journal, 2010.

[138] Siikavirta H, Punakivi M, Kärkkäinen M, et al. Effects of e-commerce on greenhouse gas emissions: A case study of grocery

home delivery in Finland[J]. Journal of industrial ecology, 2002, 6(2): 83-97.

[139] Brown J R, A L Guiffrida. Carbon emissions comparison of last mile delivery versus customer pickup[J]. International Journal of Logistics Research and Applications, 2014, 17(6): 503-521.

[140] Matthews H, C Hendrickson, D Soh. Environmental and economic effects of e-commerce: A case study of book publishing and retail logistics[J]. Transportation Research Record: Journal of the Transportation Research Board, 2001(1763): 6-12.

[141] Modak N M, Panda S, Sana S S, et al. Corporate social responsibility, coordination and profit distribution in a dual-channel supply chain[J]. Pacific Science Review, 2014, 16(4): 235-249.

[142] Liu H, Lei M, Deng H, et al. A dual channel, quality-based price competition model for the WEEE recycling market with government subsidy[J]. Omega, 2016(59): 290-302.

[143] Shu T, Liao H, Chen S, et al. Analysing remanufacturing decisions of supply chain members in uncertainty of consumer preferences[J]. Applied Economics, 2016, 48(34): 3208-3227.

[144] Hong X, Wang Z, Wang D, et al. Decision models of closed-loop supply chain with remanufacturing under hybrid dual-channel collection[J]. The International Journal of Advanced Manufacturing Technology, 2013, 68(5-8): 1851-1865.

[145] Huang M, Song M, Lee L H, et al. Analysis for strategy of closed-loop supply chain with dual recycling channel[J]. International Journal of Production Economics, 2013, 144(2): 510-520.

[146] Zhang Z Z, Z J Wang, L W Liu. Retail services and pricing decisions in a closed-loop supply chain with remanufacturing[J]. Sustainability, 2015, 7(3): 2373-2396.

[147] Carrillo J E, A J Vakharia, R Wang. Environmental implications for online retailing[J]. European Journal of Operational Research, 2014, 239(3): 744-755.

[148] Chiang W K, D Chhajed, J D Hess. Direct marketing, indirect profits: A strategic analysis of dual-channel supply-chain design[J]. Management science, 2003, 49(1): 1-20.

[149] Ding Q, C Dong, Z Pan. A hierarchical pricing decision process on a dual-channel problem with one manufacturer and one retailer[J]. International Journal of Production Economics, 2016(175): 197-212.

[150] Cattani K, Gilland W, Heese H, S, et al. Boiling frogs: Pricing strategies for a manufacturer adding a direct channel that competes with the traditional channel[J]. Production and Operations Management, 2006, 15(1): 40-57.

[151] G E Fruchter, C S Tapiero. Dynamic online and offline channel pricing for heterogeneous customers in virtual acceptance[J]. International Game Theory Review, 2005, 7(2): 137-150.

[152] Eurobarometer S. Attitudes of European citizens towards the environment[J]. European Commission, 2008(295).

[153] Chen S, Wang X, Wu Y, et al. Pricing policies of a dual-channel supply chain considering channel environmental sustainability[J]. Sustainability, 2017, 9(3): 382.

[154] Rahmani K, M Yavari. Pricing policies for a dual-channel green supply chain under demand disruptions[J]. Computers & Industrial Engineering, 2018.

[155] 何丽红, 李政道. 考虑零售商公平关切的双渠道供应链合作广告决策分析[J]. 工业工程与管理, 2017, 22(4): 107-114.

[156] Yan R, Z Pei. Retail services and firm profit in a dual-channel market[J]. Journal of Retailing and Consumer Services, 2009, 16(4): 306-314.

[157] 熊新生, 赵勇. 供应链中耐用品的广告投入和零售价策略分析[J]. 系统工程理论与实践, 2014, 34(6): 1425-1430.

[158] Wu C H. Price competition and technology licensing in a dynamic duopoly[J]. European Journal of Operational Research, 2018, 267(2): 570-584.

[159] 张智勇, 李华娟, 杨磊. 基于微分博弈的双渠道广告合作协调策略研究[J]. 控制与决策, 2014(5): 873-879.

[160] 肖剑, 李园园, 张旭梅. 产品差异化下的线上与线下供应链合作广告微分对策[J]. 计算机集成制造系统, 2018, 24(8): 2088-2097.

[161] 周艳菊, 叶欣, 詹结祥. 制造商竞争与合作下双渠道供应链联合减排的微分博弈分析[J]. 控制与决策, 2018, 33(11): 2021-2028.

[162] 王道平, 李小燕. 零售商竞争下考虑产品商誉的纵向联合促销微分博弈[J]. 控制与决策, 2017, 32(12): 2210-2218.

[163] 游达明, 朱桂菊. 低碳供应链生态研发, 合作促销与定价的微分博弈分析[J]. 控制与决策, 2016, 31(6): 1047-1056.

[164] Huang Z, J Nie, J Zhang. Dynamic cooperative promotion models with competing retailers and negative promotional effects on brand image[J]. Computers & Industrial Engineering, 2018(118): 291-308.

[165] El Ouardighi F. Supply quality management with optimal wholesale price and revenue sharing contracts: A two-stage game approach[J]. International Journal of Production Economics, 2014(156): 260-268.

[166] 魏守道. 碳交易政策下供应链减排研发的微分博弈研究[J]. 管理学报, 2018, 15(5).

[167] Tseng S C, S W Hung. A strategic decision-making model considering the social costs of carbon dioxide emissions for sustainable supply chain management[J]. Journal of Environmental Management, 2014, 133(15): 315-322.

[168] Sartzetakis E S. Tradeable emission permits regulations in the presence of imperfectly competitive product markets: Welfare implications[J]. Environmental & Resource Economics, 1997, 9(1): 65-81.

[169] Baranzini A, J Goldemberg, S Speck. A future for carbon taxes[J]. Ecological Economics, 2000, 32(3): 395-412.

[170] Wang C, W Wan, R Huang. Supply chain enterprise operations and government carbon tax decisions considering carbon emissions[J]. Journal of Cleaner Production, 2017(152): 271-280.

[171] Baker E, E Shittu. Profit-maximizing R&D in response to a random carbon tax[J]. Resource & Energy Economics, 2006, 28(2): 160-180.

[172] Hong IH, P C Chen, HT Yu. The effects of government subsidies on decentralised reverse supply chains[J]. International Journal of Production Research, 2016, 54(13): 3962-3977.

[173] Heydari J, K Govindan, A Jafari. Reverse and closed loop supply chain coordination by considering government role[J]. Transportation Research Part D: Transport and Environment, 2017(52): 379-398.

[174] Green F, N Stern. China's changing economy: implications for its carbon dioxide emissions[J]. Climate policy, 2017, 17(4): 423-442.

[175] 王建明, 贺爱忠. 消费者低碳消费行为的心理归因和政策干预路径: 一个基于扎根理论的探索性研究[J]. 南开管理评论, 2011, 14(4): 80-89, 99.

[176] 余利娥, 施国洪, 陈敬贤. 基于低碳偏好差异的双渠道供应链定价策略[J]. 统计与决策, 2019, 35(1): 43-47.

[177] 孙嘉楠, 肖忠东. 考虑消费者双重偏好的低碳供应链减排策略研究[J]. 中国管理科学, 2018, 26(4): 49-56.

[178] 刘名武, 许以撒, 付红. 双渠道背景下低碳供应链决策及渠道合作策略[J]. 软科学, 2019, 33(2): 105-111.

[179] 周熙登. 考虑品牌差异的双渠道供应链减排与低碳宣传策略[J]. 运筹与管理, 2017, 26(11): 93-99.

[180] 黄书真, 徐福缘, 何建佳, 等. 双渠道低碳供应链合作减排与促销

决策模型[J]. 科技管理研究, 2017, 37(17): 246-256.

[181] 赵丹, 戢守峰. 多重碳政策下供应链最优减排投资策略[J]. 工业工程与管理, 2018(4).

[182] 龙超, 王勇. 碳税与补贴政策下三级供应链的减排合作研究[J]. 预测, 2018, 37(5).

[183] 支帮东, 陈俊霖, 刘晓红. 碳限额与交易机制下基于成本共担契约的两级供应链协调策略[J]. 中国管理科学, 2017, 25(7): 48-56.

[184] 杨满, 汪传旭, 徐朗. 考虑搭便车的双渠道供应链定价与减排决策[J]. 计算机工程与应用, 2018, 54(14): 234-240.

[185] Karthik Murali, Michael K Lim, Nicholas C Petruzzi. The effects of ecolabels and environmental regulation on green product development[J]. Manufacturing & Service Operations Management, 2018.